Zauberbilder

Mit Hanjies und Rätselbildern sinnvoll beschäftigen und fördern

Hanjies stammen wie die Sudokus aus Japan und werden auch bei uns immer beliebter. Die Hanjies und die anderen Rätsel, die dieser Block bietet, sind jedoch nicht nur ein Zeitvertreib, sondern können auch sehr gut und effektiv im Unterricht eingesetzt werden.

Ein Hanjie besteht aus einem Kästchengitter, das nach bestimmten Vorgaben gefüllt werden muss: Neben den Reihen des Gitters stehen Zahlen, die angeben, wie viele Kästchen der jeweiligen Reihe farbig ausgemalt werden sollen und wie die Abfolge von farbigen und leeren Kästchen beschaffen ist. Wenn man alles richtig macht, entsteht ein ansprechendes und kindgerechtes Bild. Das gleiche gilt für die anderen Rätselbilder: Auch hier entsteht ein Motiv, wenn man die Anweisungen korrekt befolgt. Weiter unten werden die Rätsel ausführlich vorgestellt.

Die Hanjies und Rätselbilder trainieren

- die Konzentration,
- die Ausdauer,
- die Feinmotorik,
- die visuelle Wahrnehmung,
- Raum-Lage-Begriffe (oben, unten, links, rechts),
- das Kurzzeitgedächtnis und
- das Anwenden von Problemlösungsstrategien.

Außerdem werden mit ihnen

- Buchstaben(reihen),
- Zahlen(reihen),
- die Rechtschreibung,
- der Grundwortschatz,
- die Grundrechenarten und
- logische Reihen geübt.

Mit den Hanjies und den anderen Rätselbildern können schnelle Schüler beschäftigt werden, die eine Aufgabe schon früher als andere fertiggestellt haben. Sie eignen sich auch ideal dazu, Schüler oder Schülerinnen zu belohnen, die etwas (Hausaufgabe, Hefteintrag etc.) sehr gut gemacht haben. Darüber hinaus sind sie sehr gut für Differenzierungsmaßnahmen und in Freiarbeits- und Vertretungsstunden einsetzbar.

Die Rätsel

Der Block bietet insgesamt 50 Hanjies und 50 andere Rätselbilder, die aufsteigend nach Schwierigkeitsgrad geordnet sind. Im Folgenden wird erläutert, wie die einzelnen Rätsel funktionieren und welche Fähigkeiten mit ihnen jeweils besonders gefördert werden.

Hanjies für Kinder (Abzählbilder)

Bei den Hanjies, die in diesem Block enthalten sind, handelt es sich um eine einfache Variante der japanischen Original-Hanjies: Das Ausmalen beginnt beim ersten Kästchen oben links. Die Zahlen links davon geben genau an, wie die Kästchen der Reihe einzufärben sind. Die Summe der Zahlen ergibt also immer die Anzahl der Kästchen pro Reihe. Abwechselnd stehen schwarze und graue Zahlen. Die Zahlen können einstellig oder zweistellig sein. Die schwarzen Zahlen geben die Anzahl der Kästchen an, die eingefärbt werden sollen; die grauen die Anzahl der Kästchen, die danach frei bleiben usw. Das wird fortgeführt bis alle Kästchen der Reihe bearbeitet sind. Dann wird die nächste Reihe ausgefüllt. Mit den Abzählbildern werden vor allem die Konzentration, die Ausdauer und das Kurzzeitgedächtnis gefördert.

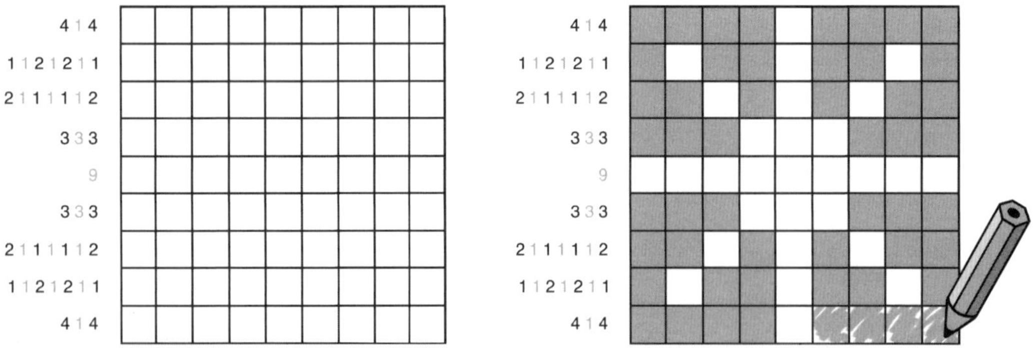

Abb. 1: Ein Hanjie für Kinder, leer (links) und fast gelöst (rechts).

Symbol-Ausmalbilder

Bei dieser Art von Ausmalbild sucht das Kind nach den Feldern, in denen sich ein bestimmtes, vorgegebenes Symbol befindet, und malt sie aus. Auch hier verlangt das Vorgehen ein großes Maß an Konzentration, Durchhaltevermögen, Genauigkeit und Geduld, um am Ende mit einem Zauberbild belohnt zu werden; dies gilt ebenfalls für die beiden folgenden Typen von Ausmalbildern.

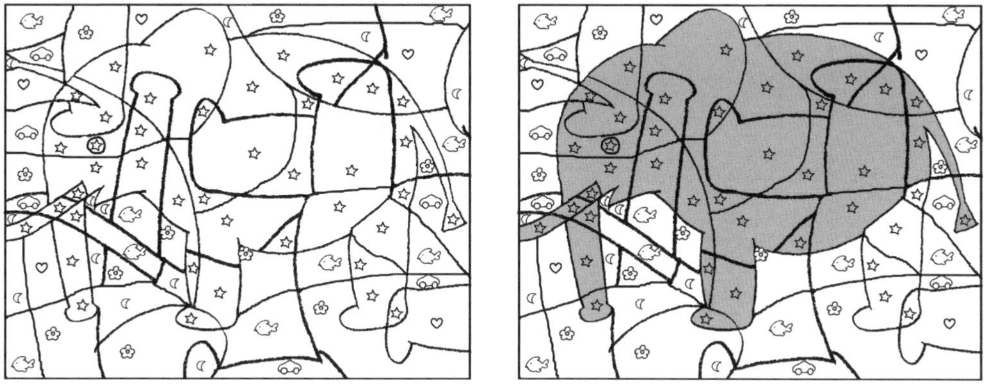

Abb. 2: Ein Symbol-Ausmalbild, leer (links) und fast gelöst (rechts).

Wörter-Ausmalbilder

Bei einem Wörter-Ausmalbild sucht das Kind nach einer bestimmten Art von Wörtern und malt die entsprechenden Felder aus. Je nach Vorgabe muss es dabei einsilbige von zweisilbigen Wörtern unterscheiden, Tiernamen herausfiltern usw.

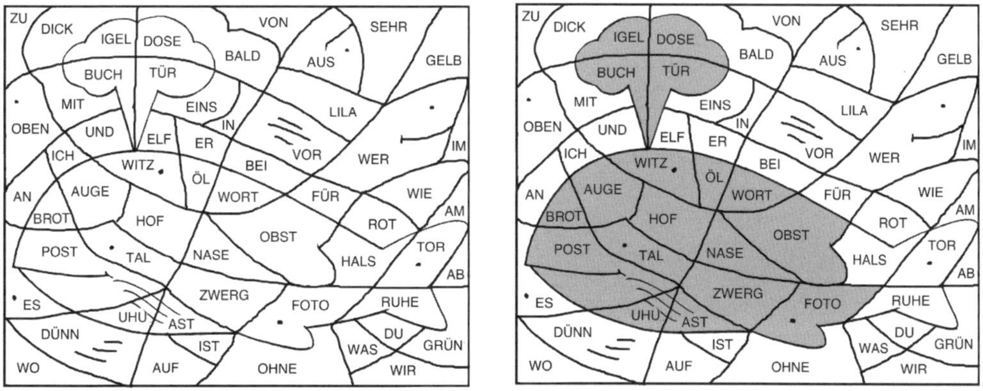

Abb. 3: Ein Wörter-Ausmalbild, leer (links) und fast gelöst (rechts).

Zahlen-Ausmalbilder

In diesem Konzentrationsspiel wird nach Zahlen gesucht, die durch eine bestimmte Eingrenzung definiert sind, z. B. $x < 15$ oder $20 < x < 50$ usw. Die Felder mit den entsprechenden Zahlen werden ausgemalt und am Ende ist das Zauberbild zu sehen.

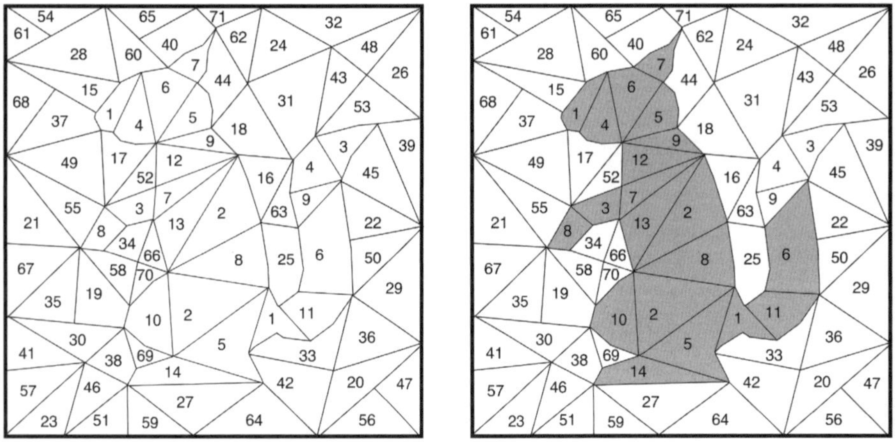

Abb. 4: Ein Zahlen-Ausmalbild, leer (links) und fast gelöst (rechts).

Rechenbilder

16 − 12 =
20 : 4 =
20 − 14 =
21 : 3 =
8 + 5 =
7 · 2 =
23 − 6 =
6 · 3 =
17 + 5 =
12 + 11 =
7 · 4 =
32 − 3 =
16 + 15 =
16 · 2 =
22 + 12 =
50 − 13 =
45 − 6 =
4 · 10 =

35 + 6 =
30 + 21 =
25 · 2 =
70 − 17 =

1	2	3	4	5	6	7	8	9	10
11	12	13	14	15	16	17	18	19	20
21	22	23	24	25	26	27	28	29	30
31	32	33	34	35	36	37	38	39	40
41	42	43	44	45	46	47	48	49	50
51	52	53	54	55	56	57	58	59	60
61	62	63	64	65	66	67	68	69	70
71	72	73	74	75	76	77	78	79	80
81	82	83	84	85	86	87	88	89	90
91	92	93	94	95	96	97	98	99	100

8 · 8 =
81 − 5 =
100 − 6 =
35 · 2 =
9 · 8 =
25 · 3 =
9 · 7 + 10 =
30 · 2 + 7 =
7 · 11 + 1 =
90 − 11 =
10 · 8 + 3 =
42 · 2 =
10 · 8 + 7 =
11 · 8 =
10 · 7 − 1 =
89 + 6 =
10 · 9 + 6 =
55 + 42 =

25 + 33 =
72 − 11 =
20 · 3 =
48 + 14 =

16 − 12 = 4
20 : 4 = 5
20 − 14 = 6
21 : 3 = 7
8 + 5 = 13
7 · 2 = 14
23 − 6 = 17
6 · 3 = 18
17 + 5 = 22
12 + 11 = 23
7 · 4 = 28
32 − 3 = 29
16 + 15 = 31
16 · 2 = 32
22 + 12 = 34
50 − 13 = 37
45 − 6 = 39
4 · 10 = 40

35 + 6 = 41
30 + 21 = 51
25 · 2 = 50
70 − 17 = 53

1	2	3	4	5	6	7	8	9	10
11	12	13	14	15	16	17	18	19	20
21	22	23	24	25	26	27	28	29	30
31	32	33	34	35	36	37	38	39	40
41	42	43	44	45	46	47	48	49	50
51	52	53	54	55	56	57	58	59	60
61	62	63	64	65	66	67	68	69	70
71	72	73	74	75	76	77	78	79	80
81	82	83	84	85	86	87	88	89	90
91	92	93	94	95	96	97	98	99	100

8 · 8 = 64
81 − 5 = 76
100 − 6 = 94
35 · 2 = 70
9 · 8 = 72
25 · 3 = 75
9 · 7 + 10 = 73
30 · 2 + 7 = 67
7 · 11 + 1 = 78
90 − 11 = 79
10 · 8 + 3 = 83
42 · 2 = 84
10 · 8 + 7 = 87
11 · 8 = 88
10 · 7 − 1 = 69
89 + 6 =
10 · 9 + 6 =
55 + 42 =

25 + 33 = 58
72 − 11 = 61
20 · 3 = 60
48 + 14 = 62

Abb. 5: Ein Rechenbild, leer (links) und fast gelöst (rechts).

Auch bei den Rechenrätseln erscheint ein Zauberbild. Das Kind rechnet zuerst alle Aufgaben, sucht dann die Felder im Kasten mit den entsprechenden Lösungszahlen und malt diese aus. Rechenrätsel trainieren neben der Konzentration und Ausdauer auch die Rechenfertigkeit der vier Grundrechenarten.

Buchstabenbilder

Bei den Buchstabenbildern wird nach bestimmten, vorgegebenen Buchstaben gesucht, zum Beispiel nach Selbstlauten. Hat das Kind diese Felder ausgemalt, erscheint das Zauberbild. Neben der allgemeinen Förderung von Konzentration, Ausdauer, visueller Wahrnehmung und Feinmotorik wird dabei auch die Kenntnis der Buchstaben und des Alphabets geschult.

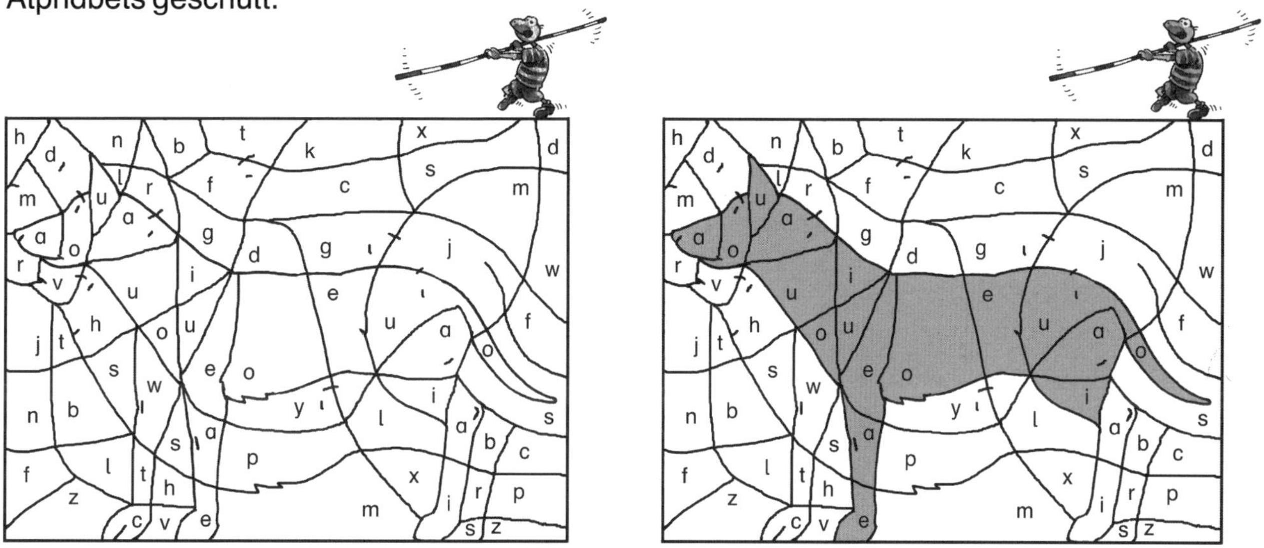

Abb. 6: Ein Buchstabenbild, leer (links) und fast gelöst (rechts).

Buchstabengeschwister

Diese Kategorie der Zauberbilder schult in besonderem Maße die Konzentration. Nur die Felder dürfen ausgemalt werden, in denen der gleiche Laut einmal als Großbuchstabe und einmal als Kleinbuchstabe erscheint, was besonders dann schwierig wird, wenn unterschiedliche Buchstaben eine ähnliche Gestalt aufweisen, z. B. *p* und *q* oder *d* und *b*.

R/x	T/s	F/m	A/g	L/h	S/s	E/e	C/c	V/d	F/e	M/n	R/h
Z/a	L/e	V/f	X/y	G/k	O/o	B/b	D/t	J/p	Q/c	Y/v	G/d
I/u	S/a	E/e	R/r	C/c	W/w	K/k	D/d	I/i	U/u	V/u	T/z
R/t	V/v	Z/z	Y/x	Y/y	X/x	F/f	Q/q	N/m	N/n	H/h	Ä/ö
M/m	D/d	B/g	W/v	G/a	A/a	J/j	K/f	O/z	D/i	T/t	Ü/ü
R/r	S/s	E/e	R/a	U/u	G/g	F/f	Ä/ä	U/n	I/i	P/p	H/h
O/o	V/v	K/k	D/d	R/r	P/s	F/d	W/w	T/t	J/j	A/a	V/v
Z/z	T/t	R/r	E/e	Q/q	H/u	K/a	Ö/ö	K/k	H/h	G/g	F/f
D/d	S/s	A/a	Y/y	X/x	C/c	V/v	B/b	N/n	M/m	Q/q	Ü/ü
J/j	F/f	R/t	W/w	A/b	P/p	M/p	U/u	U/s	B/b	S/s	G/g
C/b	X/x	T/t	T/x	V/v	V/a	E/e	K/a	I/i	F/l	D/d	T/n
K/t	A/z	N/n	U/u	W/w	O/o	P/p	R/r	G/g	H/h	G/a	N/y

R/x	T/s	F/m	A/g	L/h	S/s	E/e	C/c	V/d	F/e	M/n	R/h
Z/a	L/e	V/f	X/y	G/k	O/o	B/b	D/t	J/p	Q/c	Y/v	G/d
I/u	S/a	E/e	R/r	C/c	W/w	K/k	D/d	I/i	U/u	V/u	T/z
R/t	V/v	Z/z	Y/x	Y/y	X/x	F/f	Q/q	N/m	N/n	H/h	Ä/ö
M/m	D/d	B/g	W/v	G/a	A/a	J/j	K/f	O/z	D/i	T/t	Ü/ü
R/r	S/s	E/e	R/a	U/u	G/g	F/f	Ä/ä	U/n	I/i	P/p	H/h
O/o	V/v	K/k	D/d	R/r	P/s	F/d	W/w	T/t	J/j	A/a	V/v
Z/z	T/t	R/r	E/e	Q/q	H/u	K/a	Ö/ö	K/k	H/h	G/g	F/f
D/d	S/s	A/a	Y/y	X/x	C/c	V/v	B/b	N/n	M/m	Q/q	Ü/ü
J/j	F/f	R/t	W/w	A/b	P/p	M/p	U/u	U/s	B/b	S/s	G/g
C/b	X/x	T/t	T/x	V/v	V/a	E/e	K/a	I/i	F/l	D/d	T/n
K/t	A/z	N/n	U/u	W/w	O/o	P/p	R/r	G/g	H/h	G/a	N/y

Abb. 7: Ein Rätsel vom Typ Buchstabengeschwister, leer (links) und fast gelöst (rechts).

Wörter-Malspiele

G	Y	E	I	S	P	Q	X	A	C	H	T	R	V	F	E
U	E	R	D	B	E	E	R	T	O	R	T	E	G	B	C
D	A	Q	S	I	Z	E	H	N	V	U	X	P	W	E	A
T	Ö	C	L	O	K	O	M	O	T	I	V	E	O	A	I
J	K	F	Ü	N	F	R	J	A	Q	O	T	A	L	C	F
R	M	I	T	Y	E	R	E	L	F	Z	E	A	S	T	Z
A	R	M	L	R	T	H	B	D	A	H	F	E	U	J	G
Ö	K	Ü	V	C	G	F	Q	O	H	R	U	E	W	H	C
T	Ä	P	K	L	H	N	X	A	I	C	H	Ä	P	K	Ö
E	Z	R	B	X	V	W	G	I	R	A	F	F	E	P	R
M	K	L	U	K	Ü	H	L	S	C	H	R	A	N	K	X
U	E	V	W	A	S	C	H	M	A	S	C	H	I	N	E

G	Y	E	I	S	P	Q	X	A	C	H	T	R	V	F	E
U	E	R	D	B	E	E	R	T	O	R	T	E	G	B	C
D	A	Q	S	I	Z	E	H	N	V	U	X	P	W	E	A
T	Ö	C	L	O	K	O	M	O	T	I	V	E	O	A	I
J	K	F	Ü	N	F	R	J	A	Q	O	T	A	L	C	F
R	M	I	T	Y	E	R	E	L	F	Z	E	A	S	T	Z
A	R	M	L	R	T	H	B	D	A	H	F	E	U	J	G
Ö	K	Ü	V	C	G	F	Q	O	H	R	U	E	W	H	C
T	Ä	P	K	L	H	N	X	A	I	C	H	Ä	P	K	Ö
E	Z	R	B	X	V	W	G	I	R	A	F	F	E	P	R
M	K	L	U	K	Ü	H	L	S	C	H	R	A	N	K	X
U	E	V	W	A	S	C	H	M	A	S	C	H	I	N	E

Abb. 8: Ein Wörter-Malspiel, leer (links) und fast gelöst (rechts).

Die Wörter-Malspiele verlangen ganz besonders viel visuelle Aufmerksamkeit. In jeder Zeile sind ein oder mehrere sinnvolle Wörter im Buchstabengitter versteckt. Diese Wörter müssen gefunden und die entsprechenden Felder ausgemalt werden. Je länger die Wörter sind, umso einfacher ist ihr Auffinden. Wörter aus zwei oder drei Buchstaben sind hingegen am schwersten auffindbar. Auch hier gilt: Nur wer geduldig und mit großer Aufmerksamkeit ans Werk geht, wird am Ende das Zauberbild erblicken.

Dreieckbilder

Dreieckbilder sind so gestaltet, dass das Kind immer drei genau gleiche Symbole mit geraden Linien verbindet, um dann am Ende das Zauberbild zu sehen. Auch hier steht Konzentration, visuelle Wahrnehmung und das Training der Feinmotorik im Vordergrund.

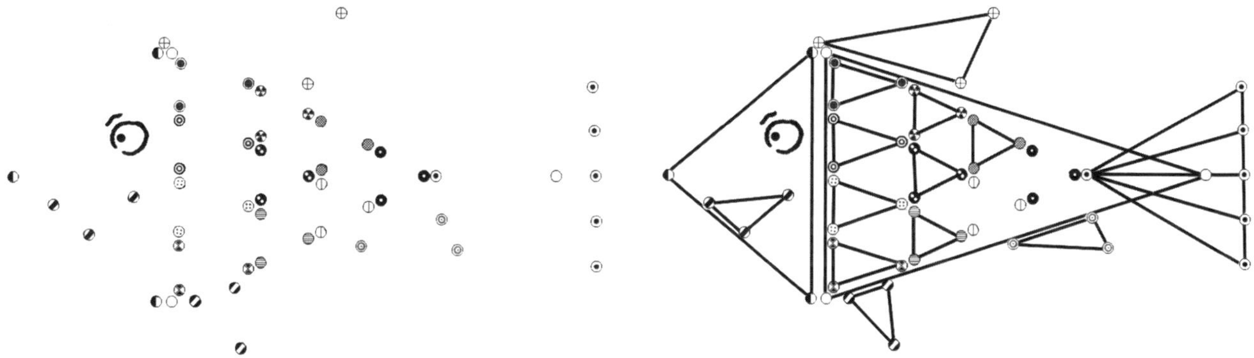

Abb. 9: Ein Dreieckbild, leer (links) und fast gelöst (rechts).

Linienbilder

Die Linienbilder sind nur dann zu erkennen, wenn das Kind eine Linie, deren Anfangspunkt gekennzeichnet ist, konzentriert nachspurt. In dem Liniengewirr, das sich beim ersten Anblick zeigt, ist es nicht einfach, den Überblick zu behalten. Nur wer geduldig und konzentriert bei der Sache ist, wird am Ende mit dem Zauberbild belohnt.

Abb. 10: Ein Linienbild, Vorgabe (links) und fast fertige Lösung (rechts).

Viel Erfolg und Spaß mit den Zauberbildern!

Almuth Bartl

Lösungen

Abzählbild 1 – Der Geburtstag

21

Ausmalbild 1

22

Abzählbild 2 – Die Hausaufgabe

23

Ausmalbild 2

24

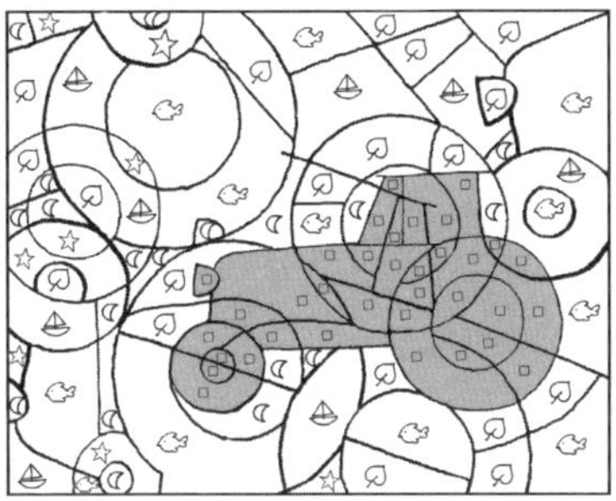

Abzählbild 3

25

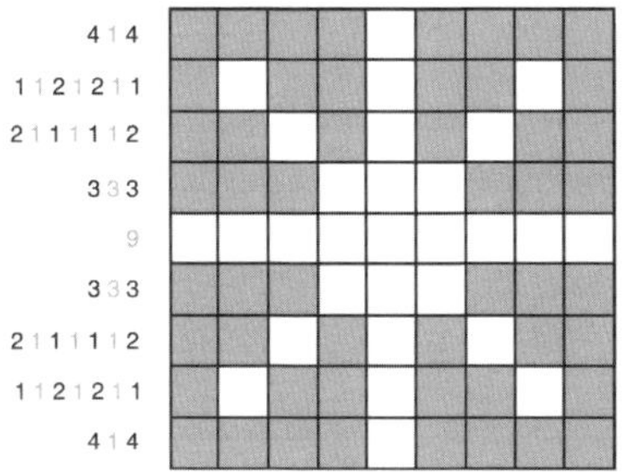

Ausmalbild 3

26

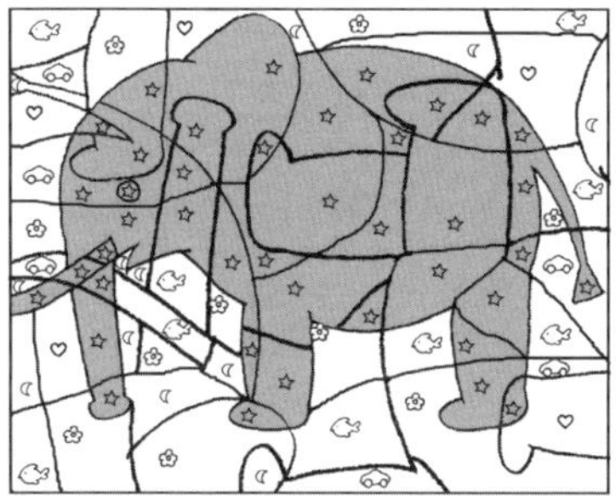

Abzählbild 4

27

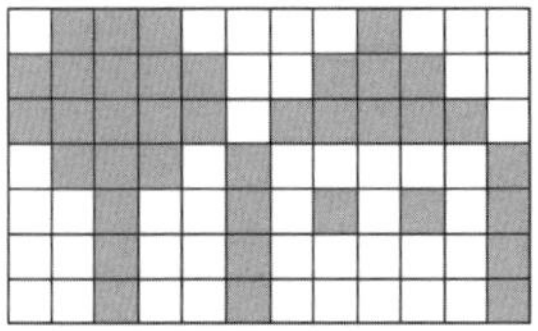

1 3 4 1 3
5 2 3 2
5 1 5 1
1 3 1 1 5 1
2 1 2 1 1 1 1 1 1 1
2 1 2 1 5 1
2 1 2 1 5 1

Linienbild 1

28

Abzählbild 5

29

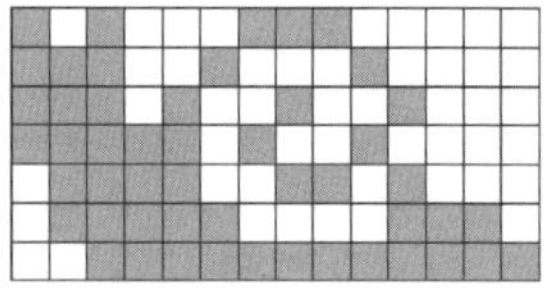

1 1 1 3 3 5
3 2 1 3 1 4
3 1 1 2 1 2 1 3
5 1 1 2 1 4
1 4 2 2 1 1 3
1 5 4 3 1
2 12

Linienbild 2

30

Abzählbild 6

31

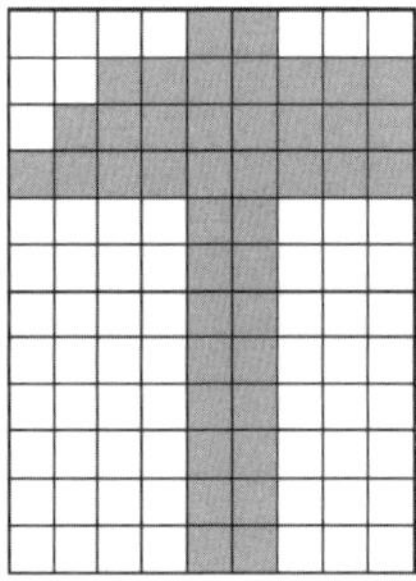

4 2 3
2 7
1 8
9
4 2 3
4 2 3
4 2 3
4 2 3
4 2 3
4 2 3
4 2 3
4 2 3

Linienbild 3

32

Abzählbild 7

33

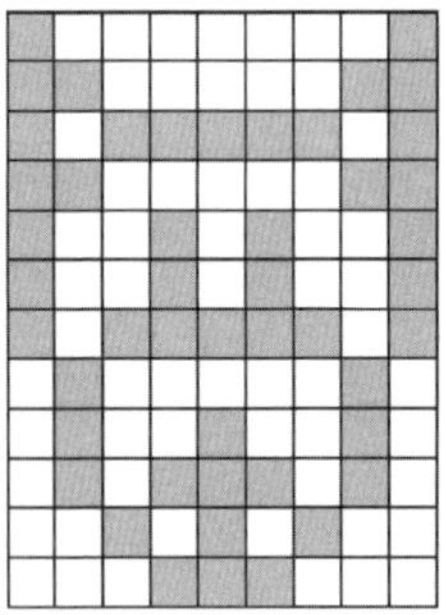

1 7 1
2 5 2
1 1 5 1 1
2 5 2
1 2 1 1 1 2 1
1 2 1 1 1 2 1
1 1 5 1 1
1 1 5 1 1
1 1 2 1 2 1 1
1 1 1 3 1 1 1
2 1 1 1 1 1 2
3 3 3

Linienbild 4

34

Abzählbild 8

35

1 1 1 1 1 1 1 1 1
1 1 1 1 1 1 1 1 1
1 1 1 3 1 1 1
4 1 4
2 1 3 1 2
2 5 2
1 1 5 1 1
1 7 1
1 2 1 1 1 2 1
1 7 1
1 1 5 1 1
2 1 3 1 2
2 5 2
2 1 1 1 1 1 2
3 3 3

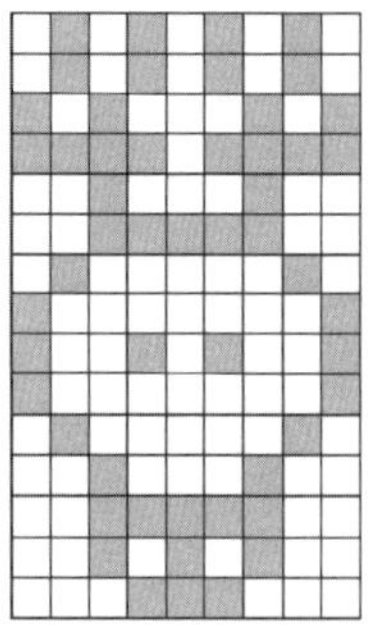

Linienbild 5

36

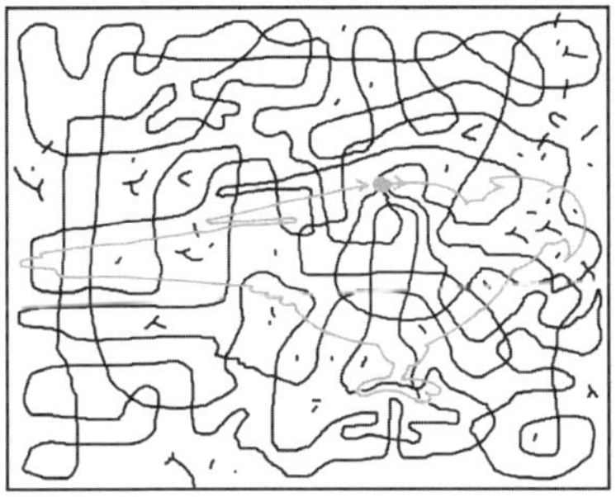

Abzählbild 9

37

Dreieckbild 1

38

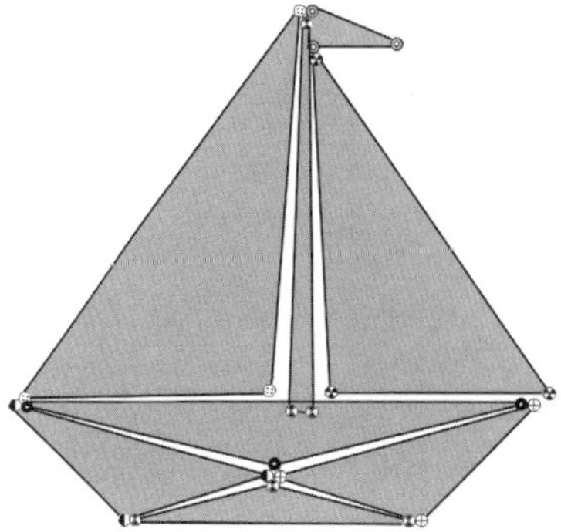

Abzählbild 10

39

Dreieckbild 2

40

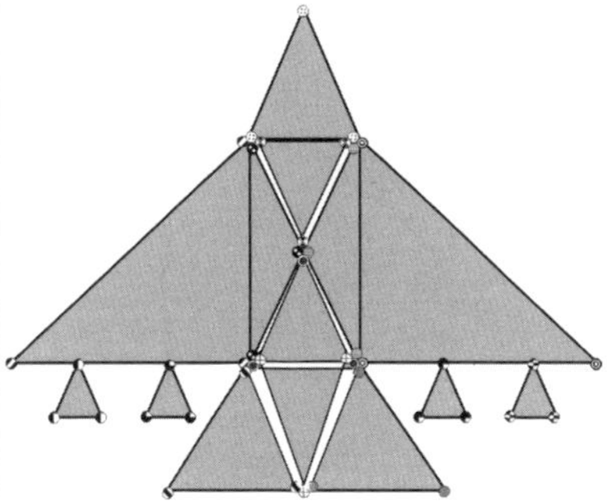

Abzählbild 11

41

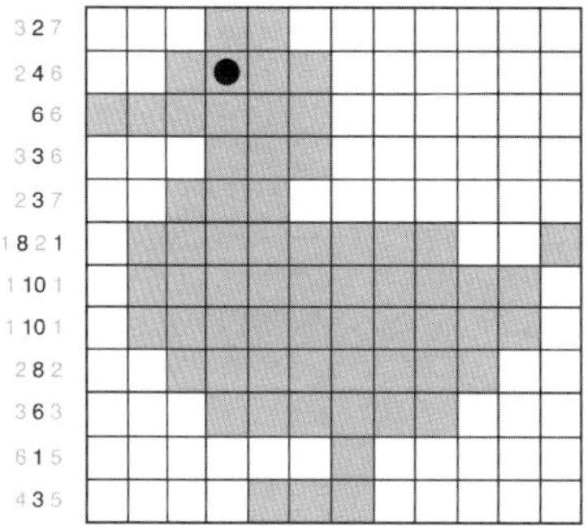

Dreieckbild 3

42

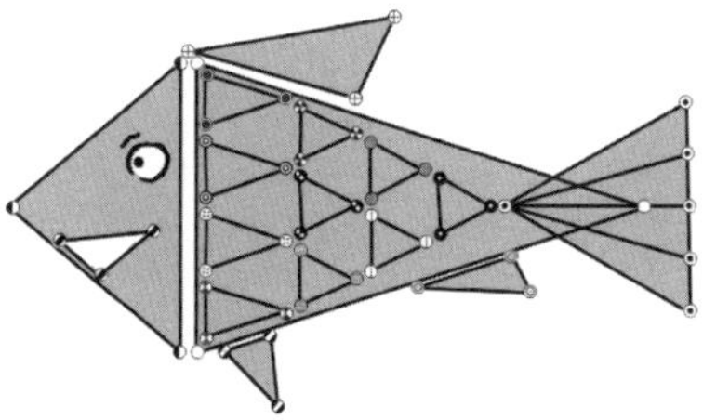

Abzählbild 12

43

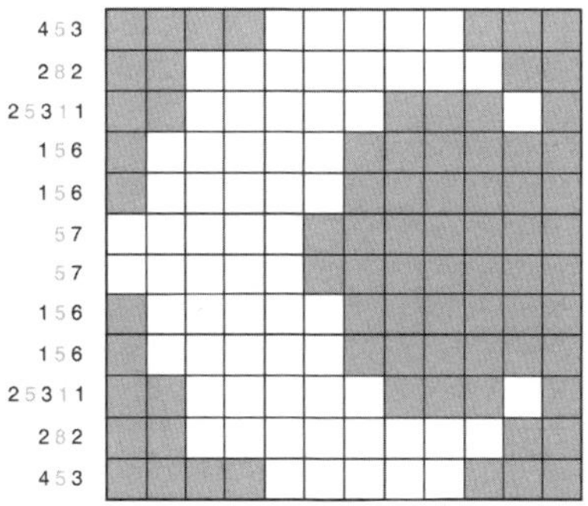

Buchstaben-Suchbild 1 – Mimi Maus

44

M	I	R	F	M	A	M	L	K	M	M	D	M	R	S	M	O	M
M	M	B	M	M	N	M	C	M	X	Y	V	M	Ä	M	Ö	L	M
M	K	M	J	M	H	M	G	M	F	D	S	M	M	A	Ü	O	M
M	I	U	Z	M	T	M	R	M	E	W	Q	M	Y	M	S	R	M
M	U	O	N	M	R	M	F	J	M	M	L	M	I	G	M	P	M

Abzählbild 13
45

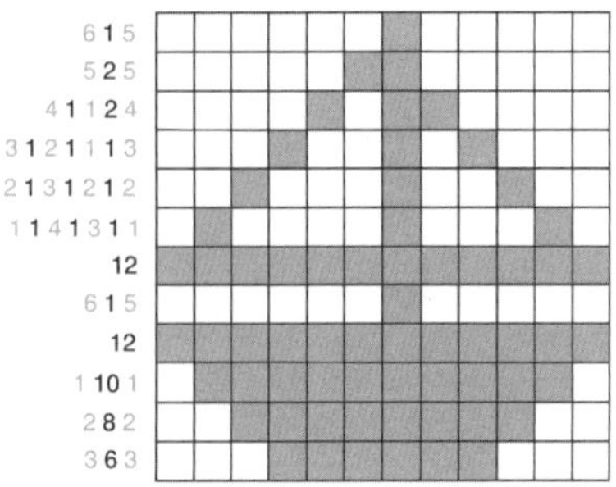

Buchstaben-Suchbild 2
46

8	3	6	2	7	0	3	7	4	8	5	1
0	1	8	3	7	2	9	A	9	2	4	5
9	2	7	4	1	J	F	K	6	8	3	0
3	2	1	F	R	D	E	S	V	8	9	B
5	H	Y	Z	U	V	N	B	T	7	A	S
V	F	4	J	A	G	Z	E	H	X	K	U
7	N	G	S	D	I	T	O	G	J	T	P
E	R	T	U	I	O	P	D	J	5	S	X
8	P	L	M	N	B	V	F	R	3	1	Z
9	2	9	D	K	L	P	X	Y	7	6	4
8	2	5	4	7	W	S	X	7	9	2	3
7	2	5	1	6	3	9	G	6	2	1	0

Abzählbild 14
47

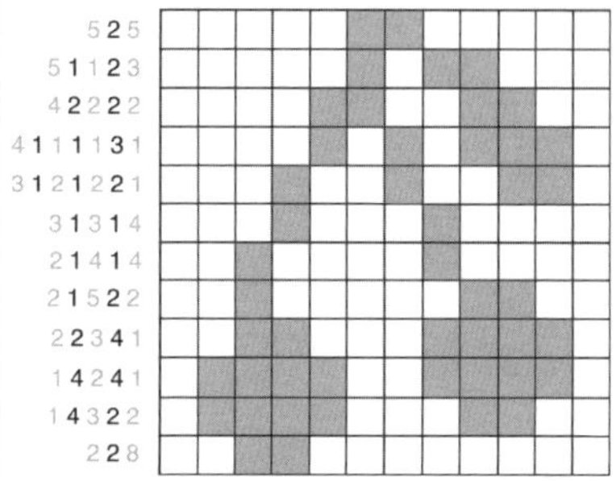

Buchstaben-Suchbild 3
48

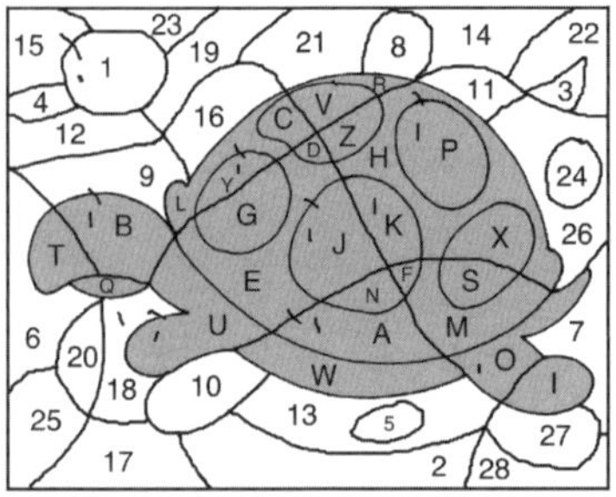

Abzählbild 15
49

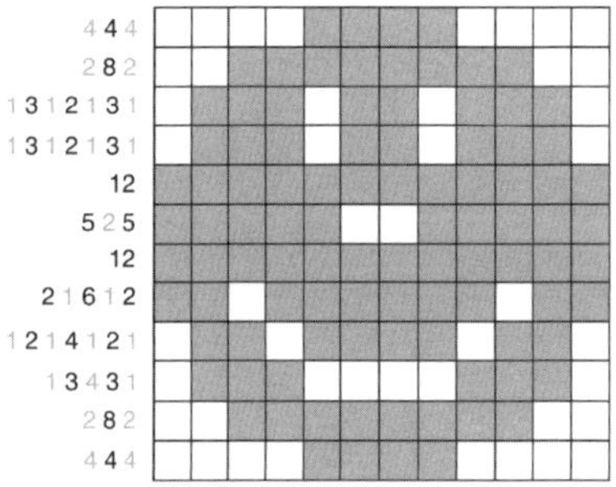

Das Großbuchstaben-Suchbild
50

g	h	o	j	b	d	A	a	s	r	f	e
u	b	a	w	q	D	x	M	t	p	l	o
k	f	n	i	W	g	z	r	Y	g	d	s
p	o	i	u	Z	t	R	e	Q	a	s	d
f	g	h	j	k	L	Y	X	c	v	b	n
m	l	k	o	i	u	J	n	b	h	z	t
g	v	f	r	E	D	C	S	Q	a	y	q
p	q	o	w	I	R	T	Z	G	f	h	j
d	k	s	l	M	Y	N	X	B	c	v	o
w	l	n	m	F	H	K	O	P	u	v	x
r	t	f	k	U	V	Z	D	A	d	w	y
a	e	D	O	S	U	B	R	Q	L	F	d

Abzählbild 16 – Versteckt!
51

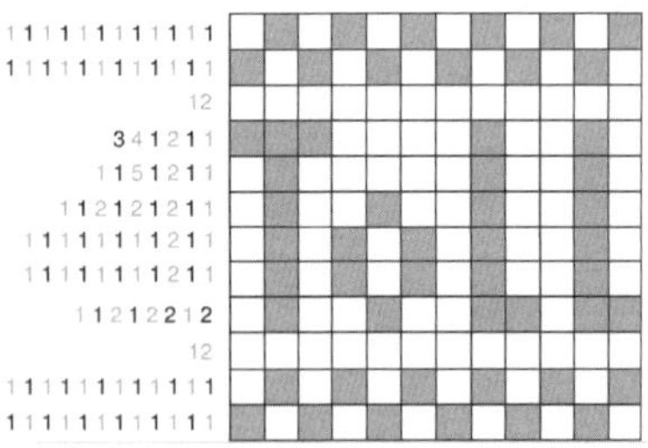

Das Kleinbuchstaben-Suchbild
52

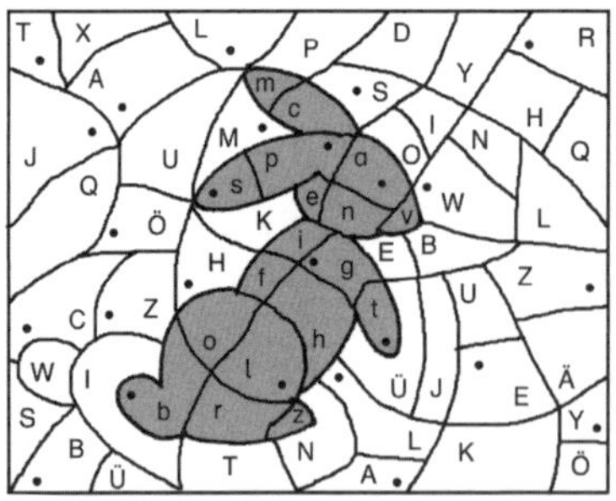

Abzählbild 17
53

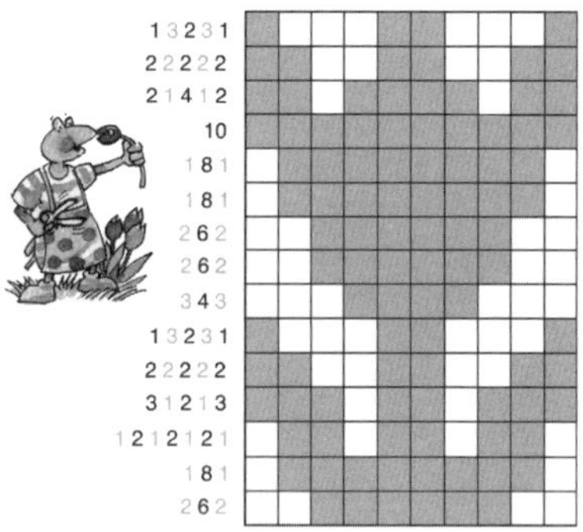

Das A-bis-M-Ausmalbild 54

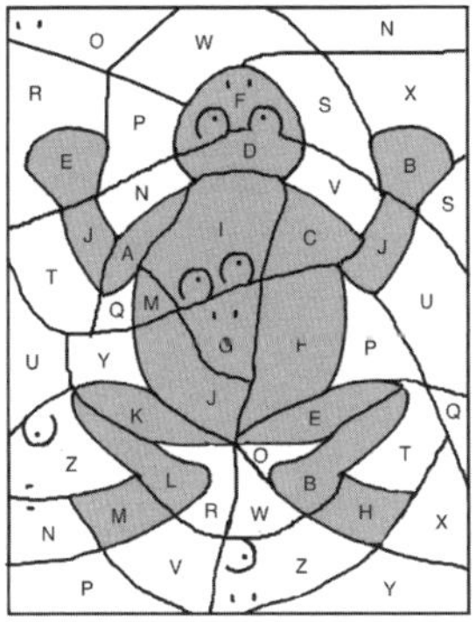

Abzählbild 18 55

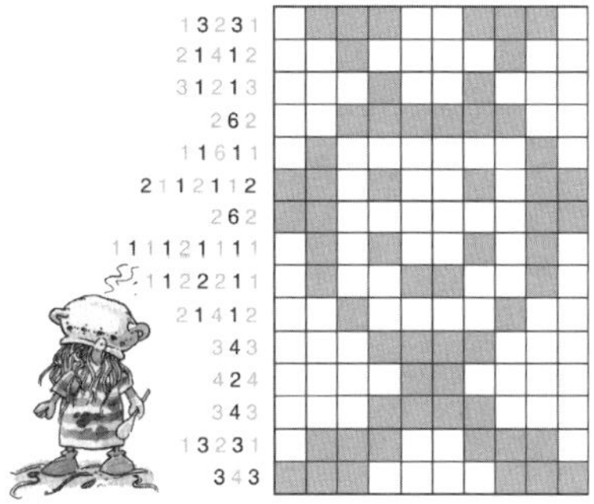

Das N-bis-Z-Ausmalbild 56

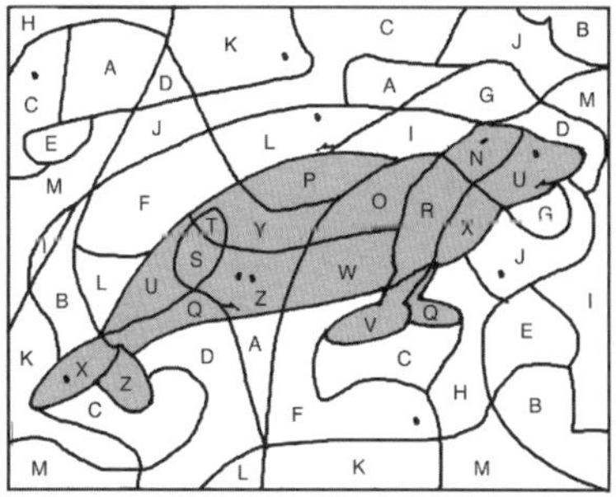

Abzählbild 19 57

Selbstlautbild 1 58

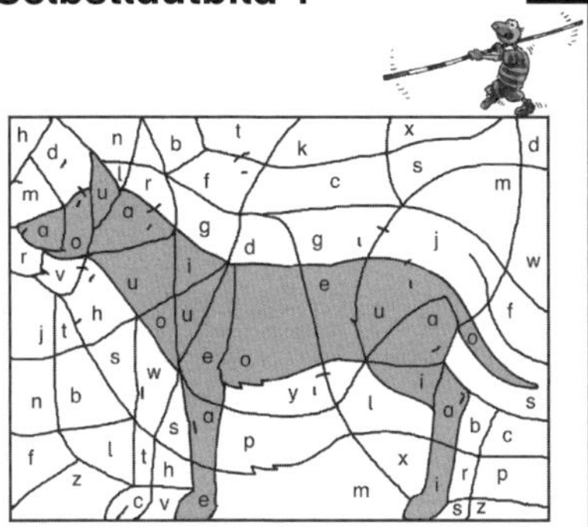

Abzählbild 20 59

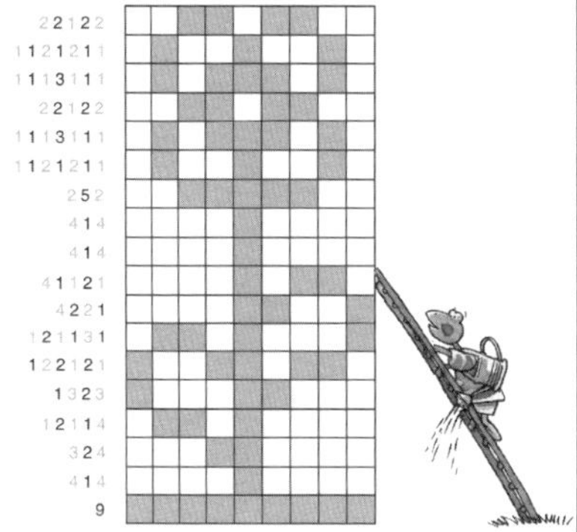

Selbstlautbild 2 60

F	G	H	J	K	L	P	Z	T	R	W	Q	S	D	A	E	Y	X
C	V	B	N	M	Y	Q	W	S	X	C	D	R	I	O	U	A	F
V	B	G	T	Z	H	N	M	J	K	L	P	A	E	I	O	U	A
L	K	J	H	G	F	D	S	P	Z	T	O	U	E	A	E	I	R
W	Q	M	N	B	V	C	X	Y	Z	I	E	R	O	A	U	D	K
P	W	T	C	D	M	F	N	G	O	I	A	E	E	U	L	S	J
Y	B	H	K	L	R	P	T	I	A	N	A	O	U	R	C	T	R
N	B	R	T	O	U	I	A	E	U	I	E	A	L	N	D	R	S
H	F	F	A	E	M	A	E	U	I	O	A	N	N	M	R	T	N
P	A	F	E	N	D	R	A	I	E	U	S	N	K	L	N	G	R
O	S	B	A	I	N	S	T	E	O	L	Z	G	L	F	F	M	X
C	D	I	R	E	O	V	M	L	E	V	N	K	C	H	N	S	C
H	A	B	T	L	E	A	N	I	O	T	S	C	H	R	Z	N	P
E	T	R	E	S	C	E	E	E	M	R	W	N	S	T	N	C	H
R	C	U	H	R	T	S	H	C	L	L	M	L	B	R	N	L	V
F	E	L	H	E	C	R	O	M	R	L	N	R	C	H	R	D	K
A	R	N	O	D	G	I	N	S	B	M	S	H	R	R	T	F	G
S	M	O	F	R	A	N	Z	W	C	H	T	L	M	R	H	R	Z
G	E	R	K	O	B	R	R	N	D	F	N	K	H	S	L	D	R

Abzählbild 21 61

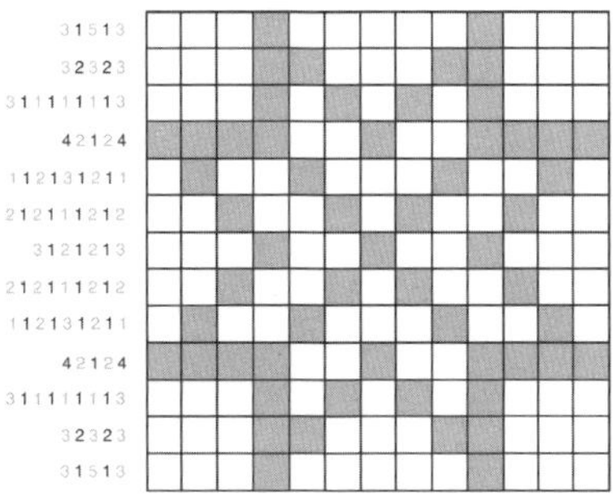

Buchstabengeschwister 1 62

D/s	K/a	L/u	B/t	F/f	H/h	R/e	N/z	G/v	O/p
A/w	C/x	Y/b	J/j	M/m	Q/q	K/k	O/s	T/e	D/t
M/i	F/b	V/w	M/p	C/c	S/s	R/a	N/g	E/v	S/k
T/b	A/p	B/b	U/u	A/a	I/i	G/g	N/n	K/g	S/f
H/u	D/d	M/d	E/e	O/o	P/p	R/r	F/w	T/t	M/h
V/v	U/z	I/f	X/x	W/w	Z/z	Y/y	M/k	R/h	P/p
H/k	F/i	N/o	I/i	Z/z	R/r	Q/q	F/b	N/d	M/k
P/o	I/n	L/d	G/g	D/d	B/b	E/e	B/u	A/l	K/a
N/p	A/q	G/z	N/n	S/t	T/r	V/v	W/s	P/f	R/w
S/l	B/s	F/t	A/a	D/s	S/w	U/u	M/x	S/g	N/g
S/t	V/y	B/f	M/m	L/b	G/h	C/c	A/e	F/l	I/u
A/b	H/a	D/d	X/x	O/a	Y/e	V/v	N/n	G/h	S/b

Abzählbild 22

63

Buchstabengeschwister 2

64

B/o	H/x	L/z	K/a	D/d	R/t	Z/u	P/p	L/n	B/v	X/e	T/r
S/c	E/e	V/b	N/n	A/a	T/t	F/f	H/h	D/d	H/g	C/c	Y/a
U/r	F/d	G/g	O/o	L/k	O/i	U/z	N/i	U/u	X/x	L/e	A/d
W/i	V/v	A/a	C/b	N/m	T/i	Z/e	K/b	N/u	L/l	K/k	Q/i
Y/y	I/i	O/e	Z/z	R/v	E/u	X/i	J/d	S/s	A/o	E/e	F/f
I/t	N/n	M/o	E/w	R/c	B/b	L/l	K/p	H/a	G/c	B/b	R/z
U/t	A/a	D/c	F/v	B/h	O/n	U/n	Q/a	H/i	K/j	O/o	D/s
Z/z	Y/y	N/y	H/z	G/g	Z/h	J/u	K/k	M/j	R/u	T/t	F/f
O/p	H/h	U/u	I/z	Z/y	C/c	D/d	M/d	B/r	F/f	H/h	M/f
L/e	E/t	Q/q	S/s	T/s	U/i	I/k	O/e	I/i	J/j	T/f	G/b
G/v	N/n	M/e	C/c	B/b	R/r	A/a	U/u	H/h	E/m	V/v	B/c
F/x	M/p	A/b	R/p	E/e	M/h	F/m	Z/z	B/m	S/f	Z/s	L/r

Abzählbild 23

65

Buchstabengeschwister 3

66

R/x	T/s	F/m	A/g	L/h	S/s	E/e	C/c	V/d	F/e	M/n	R/h
Z/a	L/e	V/f	X/y	G/k	O/o	B/b	D/t	J/p	Q/c	Y/v	G/d
I/u	S/a	E/e	R/r	C/c	W/w	K/k	D/d	I/i	U/u	V/u	T/z
R/t	V/v	Z/z	Y/x	Y/y	X/x	F/f	Q/q	N/m	N/n	H/h	Ä/ö
M/m	D/d	B/g	W/v	G/a	A/a	J/j	K/f	O/z	D/i	T/t	Ü/ü
R/r	S/s	E/e	R/a	U/u	G/g	F/f	Ä/ä	U/n	I/i	P/p	H/h
O/o	V/v	K/k	D/d	R/r	P/s	F/d	W/w	T/t	J/j	A/a	V/v
Z/z	T/t	R/r	E/e	Q/q	H/u	K/a	Ö/ö	K/k	H/h	G/g	F/f
D/d	S/s	A/a	Y/y	X/x	C/c	V/v	B/b	N/n	M/m	Q/q	Ü/ü
J/j	F/f	R/t	W/w	A/b	P/p	M/p	U/u	U/s	B/b	S/s	G/g
C/b	X/x	T/t	T/x	V/v	V/a	E/e	K/a	I/i	F/l	D/d	T/n
K/t	A/z	N/n	U/u	W/w	O/o	P/p	R/r	G/g	H/h	G/a	N/y

Abzählbild 24

67

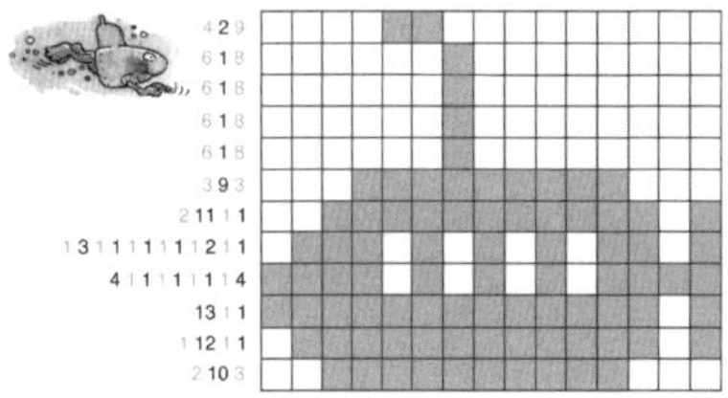

Wörter-Malspiel 1

68

G	F	K	H	A	U	S	X	W	H
F	V	K	A	T	Z	E	N	R	S
T	S	C	H	L	A	N	G	E	B
E	R	D	E	G	Y	R	E	I	S
M	O	N	D	S	F	A	U	T	O
E	R	D	B	E	E	R	E	I	S
Z	U	F	D	W	O	V	J	D	A
E	I	T	H	A	N	R	W	S	O
E	R	W	V	D	U	Y	X	A	M
K	A	R	T	O	F	F	E	L	N
C	H	R	I	S	T	B	A	U	M

Abzählbild 25

69

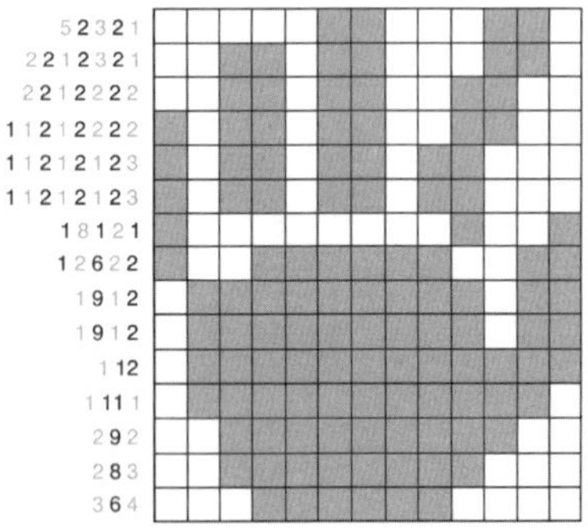

Wörter-Malspiel 2

70

X	Y	V	Q	X	E	I	V	P	D	W	L
M	P	D	G	Y	A	M	X	S	A	Q	A
H	Ü	V	L	H	A	S	E	X	N	T	I
T	F	A	S	B	I	L	D	Y	K	Ö	Z
C	G	H	W	I	N	T	E	R	L	J	F
E	G	C	E	S	K	I	M	O	C	T	Z
L	X	K	R	O	K	O	D	I	L	V	D
A	Ö	C	O	M	P	U	T	E	R	B	G
E	L	U	F	T	B	A	L	L	O	N	T
Z	I	T	R	O	N	E	N	S	A	F	T
B	R	Z	G	L	W	O	H	C	S	G	N
T	L	V	Ü	X	E	S	G	Ü	C	B	F

Abzählbild 26

71

Wörter-Malspiel 3

72

G	F	L	P	H	E	I	F	K	S	W	Q
E	G	R	O	H	U	N	D	P	M	L	U
O	R	D	H	E	R	B	S	T	F	P	W
S	W	K	R	O	K	O	D	I	L	F	R
X	B	A	L	L	Y	V	S	O	F	A	Q
K	A	M	E	L	J	C	F	I	S	C	H
E	R	D	B	E	E	R	M	I	L	C	H
B	U	S	X	Y	A	M	Z	W	R	A	D
E	I	S	M	V	W	O	F	Q	R	E	H
B	A	D	Z	C	E	R	J	Y	K	L	O
Z	W	I	E	B	E	L	S	U	P	P	E
T	A	S	C	H	E	N	L	A	M	P	E

Abzählbild 27

73

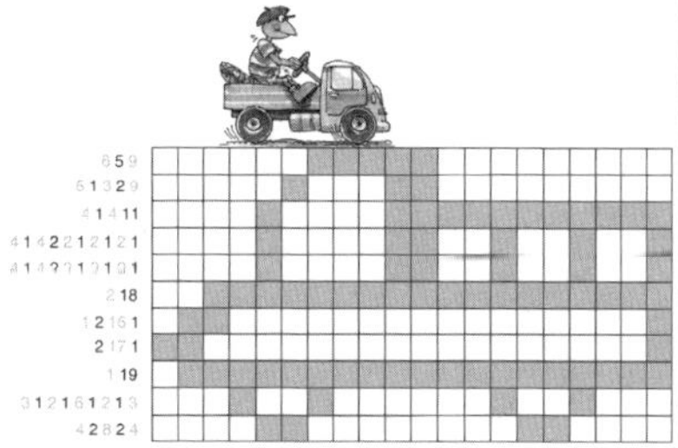

Wörter-Malspiel 4

74

G	W	K	L	R	F	R	A	D	H	W	U
A	O	X	K	N	Z	U	Y	I	G	D	M
R	T	D	E	Z	E	M	B	E	R	F	L
W	W	O	H	N	Z	I	M	M	E	R	T
Z	U	G	X	Q	E	L	E	F	A	N	T
W	O	D	P	J	P	A	P	A	G	E	I
I	N	F	L	N	I	L	P	F	E	R	D
T	A	G	L	G	E	W	I	T	T	E	R
H	I	R	S	C	H	G	E	W	E	I	H
R	H	A	N	D	T	A	S	C	H	E	P
B	D	A	U	T	O	B	A	H	N	H	D
T	G	Q	K	U	C	H	E	N	F	L	R

Abzählbild 28

75

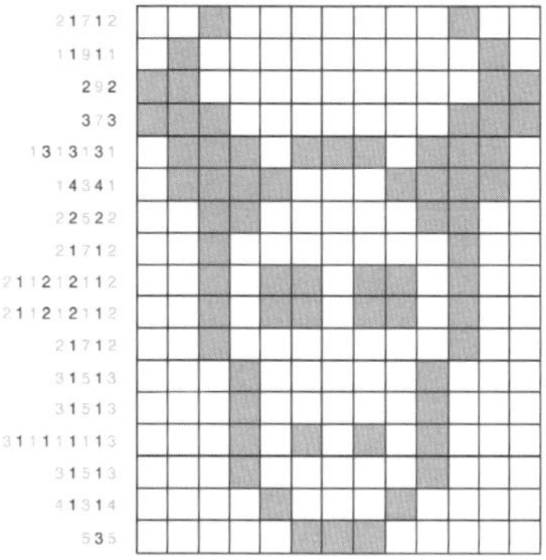

Wörter-Malspiel 5

76

G	Y	E	I	S	P	Q	X	A	C	H	T	R	V	F	E
U	E	R	D	B	E	E	R	T	O	R	T	E	G	B	C
D	A	Q	S	I	Z	E	H	N	V	U	X	P	W	E	A
T	Ö	C	L	O	K	O	M	O	T	I	V	E	O	A	I
J	K	F	Ü	N	F	R	J	A	Q	O	T	A	L	C	F
R	M	I	T	Y	E	R	E	L	F	Z	E	A	S	T	Z
A	R	M	L	R	T	H	B	D	A	H	F	E	U	J	G
Ö	K	Ü	V	C	G	F	Q	O	H	R	U	E	W	H	C
T	Ä	P	K	L	H	N	X	A	I	C	H	Ä	P	K	Ö
E	Z	R	B	X	V	W	G	I	R	A	F	F	E	P	R
M	K	L	U	K	Ü	H	L	S	C	H	R	A	N	K	X
U	E	V	W	A	S	C	H	M	A	S	C	H	I	N	E

Abzählbild 29

77

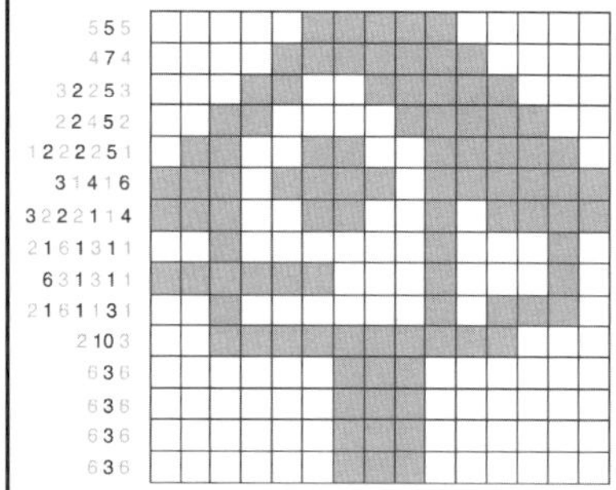

Wörter-Malspiel 6

78

D	R	T	X	E	I	S	J	T	K	L
I	H	F	D	H	U	T	M	N	D	V
S	X	K	M	Ü	T	Z	E	O	D	G
N	S	C	Y	A	R	M	U	G	F	A
X	V	I	W	B	Ä	R	H	C	D	T
I	D	K	S	C	H	A	L	G	H	V
W	I	N	T	E	R	M	O	N	A	T
K	Ä	L	T	E	X	K	N	O	P	F
H	O	D	W	O	L	K	E	D	S	R
M	G	D	K	U	G	E	L	S	V	L
J	U	R	E	H	B	P	O	L	X	C
A	E	I	S	Z	A	P	F	E	N	K
W	I	N	T	E	R	J	A	C	K	E
S	O	N	N	E	D	G	L	Ü	C	K
S	K	I	S	P	R	I	N	G	E	N
W	E	I	H	N	A	C	H	T	E	N
B	A	U	C	H	S	B	R	E	T	T
S	C	H	N	E	E	B	E	S	E	N
K	N	E	U	S	C	H	N	E	E	G
X	Y	J	A	G	R	L	E	S	F	T

Abzählbild 30

79

Wörter-Malspiel 7

80

W	U	Z	G	L	B	X	D	A	Z	S	O	K	G	A
S	C	H	V	I	R	S	T	E	R	N	A	Q	Z	Y
B	T	I	G	W	R	O	T	F	I	Y	W	V	C	V
A	E	Z	Y	Ö	L	V	Z	U	Q	E	C	M	D	Ü
Ö	Y	C	B	U	S	R	T	Ü	R	N	I	P	P	L
G	R	H	A	S	E	X	M	O	N	D	Y	X	Ä	E
I	A	P	F	E	L	J	F	U	C	H	S	K	Z	W
H	E	R	B	S	T	Ö	W	I	N	T	E	R	Ä	Y
S	O	M	M	E	R	Ü	T	E	L	E	F	O	N	J
Q	Ü	Z	C	X	M	O	N	A	T	Ä	C	Q	E	R
C	H	R	I	S	T	B	A	U	M	K	E	R	Z	E
T	I	S	C	H	T	E	N	N	I	S	B	A	L	L
F	M	E	I	S	T	E	R	S	C	H	A	F	T	X
Ü	Z	D	E	U	T	S	C	H	L	A	N	D	F	Y
K	N	M	F	L	U	G	H	A	F	E	N	X	V	F

Abzählbild 31

81

Das Namenwort-Ausmalbild

82

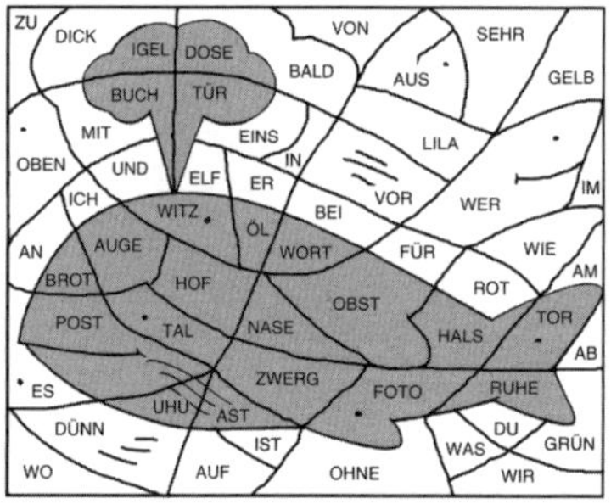

Abzählbild 32

83

Das Tiernamen-Ausmalbild

84

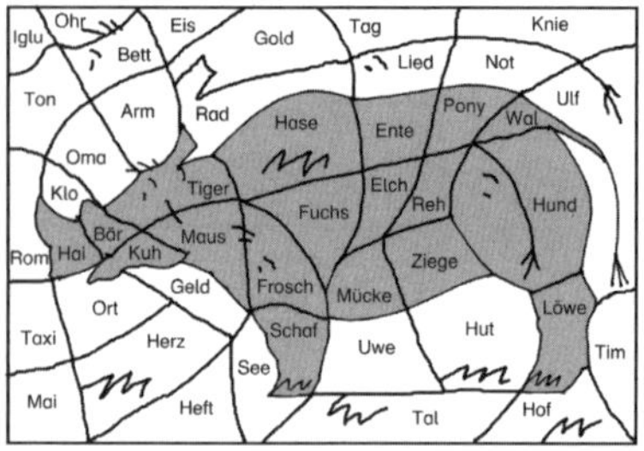

Abzählbild 33

85

Zahlwörterbild 1 – Charlys Schulweg

86

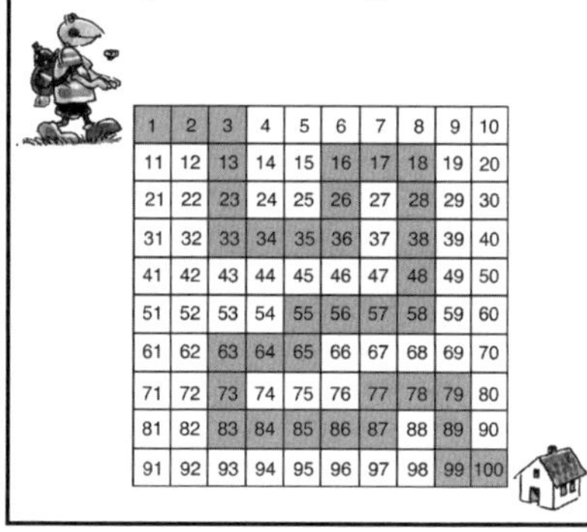

Abzählbild 34

87

Zahlwörterbild 2 – Der Umzug

88

Abzählbild 35

89

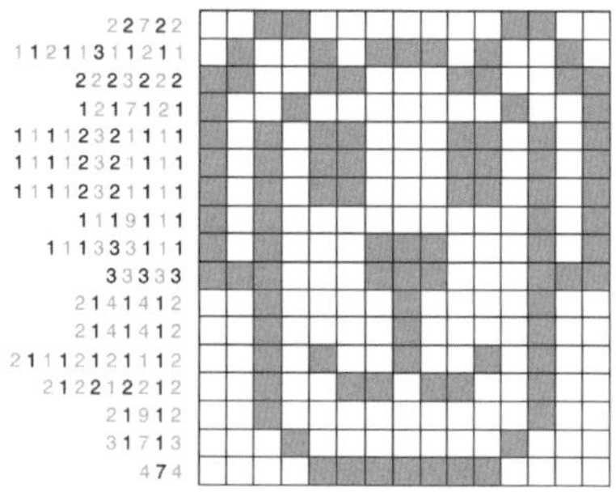

Das Eigenschaftswort-Ausmalbild

90

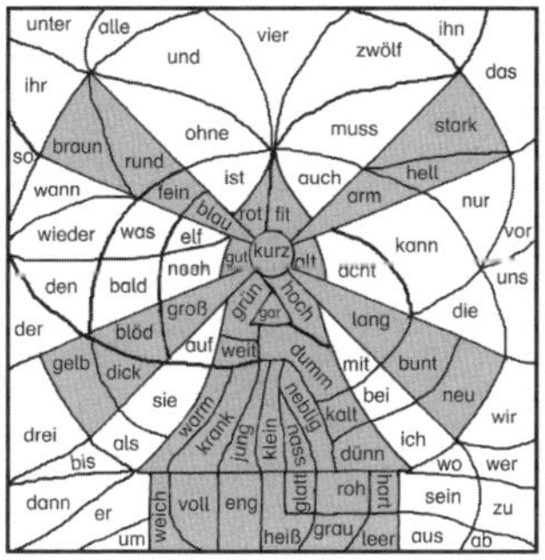

Abzählbild 36

91

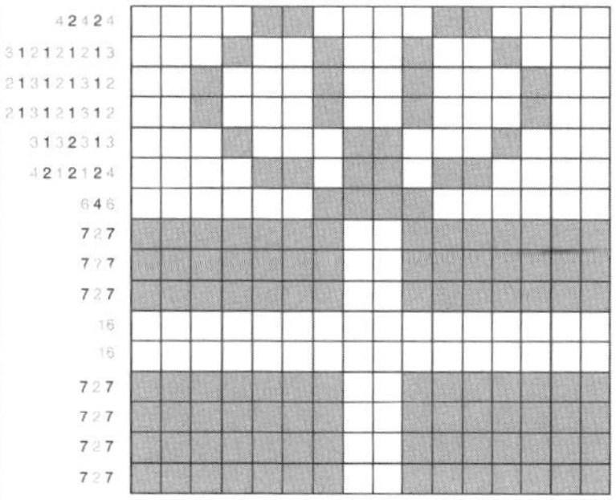

Das „der“-Ausmalbild

92

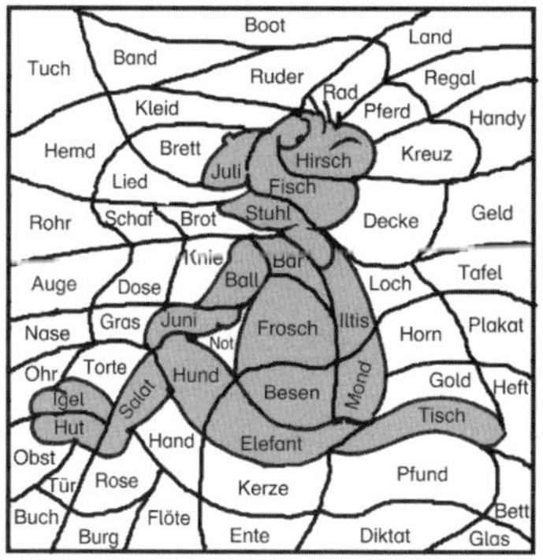

Abzählbild 37

93

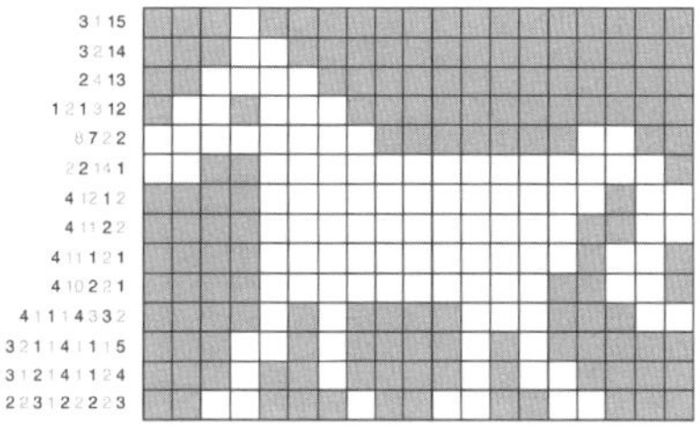

Das „die“-Ausmalbild

94

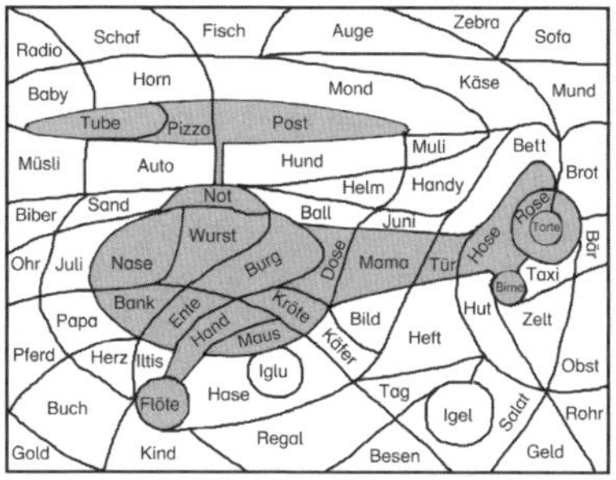

Abzählbild 38

95

Das Eine-Silbe-Ausmalbild

96

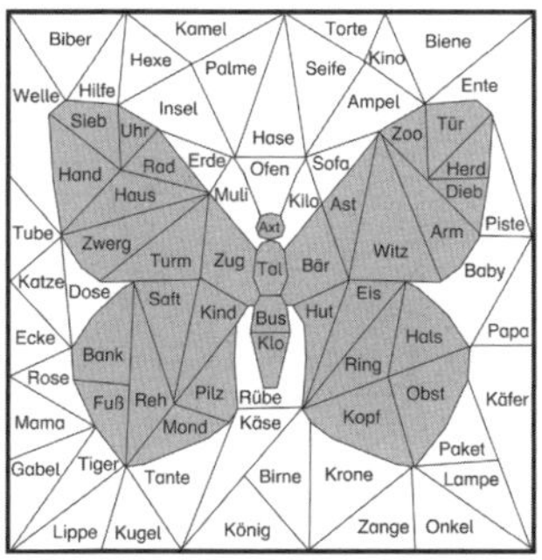

Abzählbild 39

97

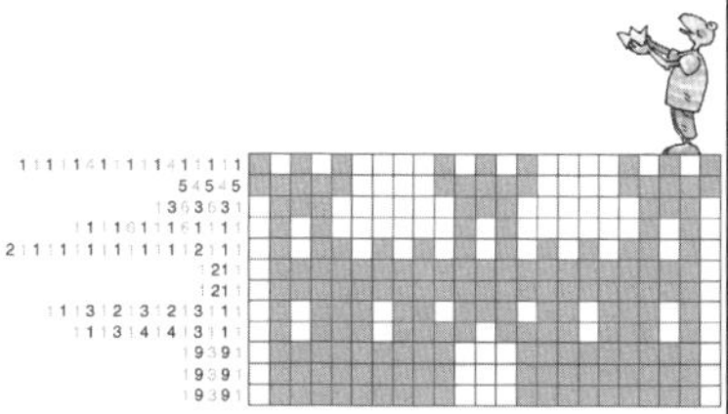

Das Zwei-Silben-Ausmalbild

98

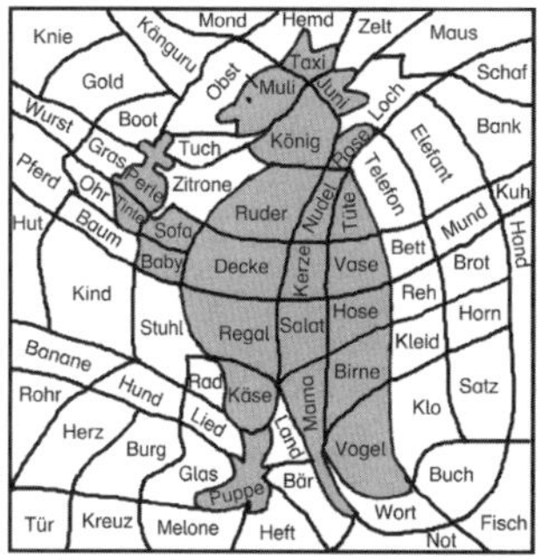

Abzählbild 40

99

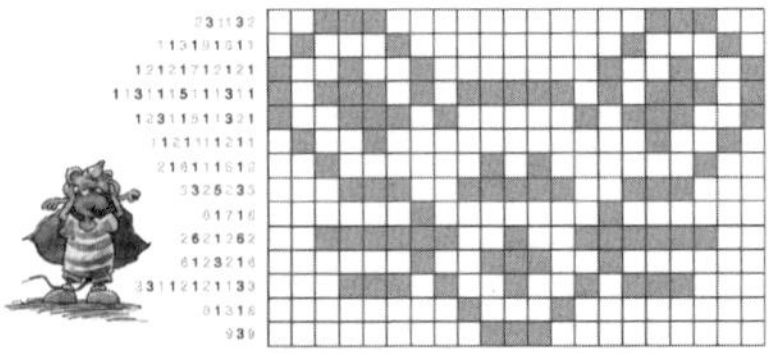

Das Gerade-Zahlen-Ausmalbild

100

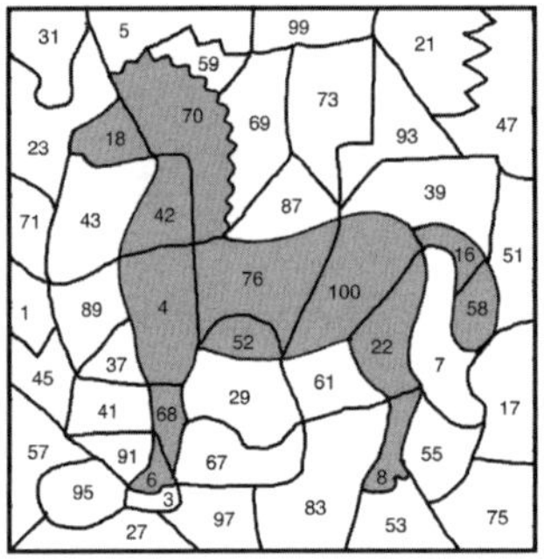

Abzählbild 41

101

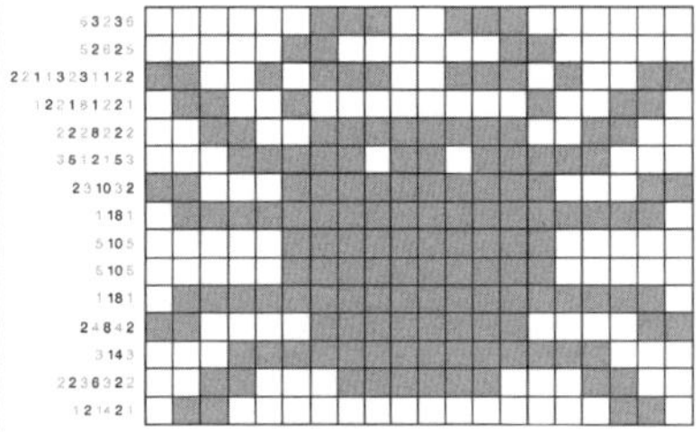

Das Ungerade-Zahlen-Ausmalbild

102

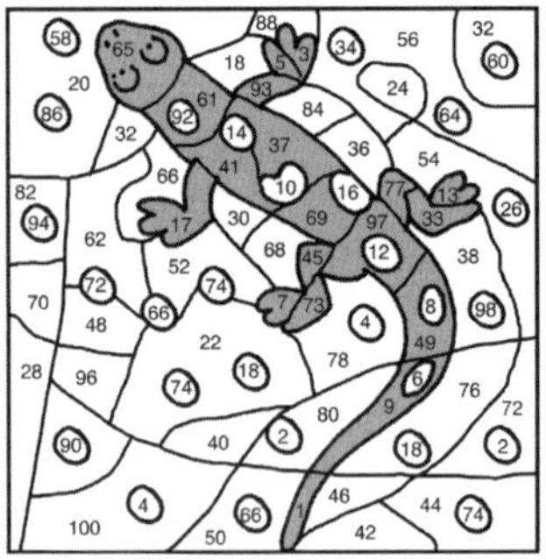

Abzählbild 42

103

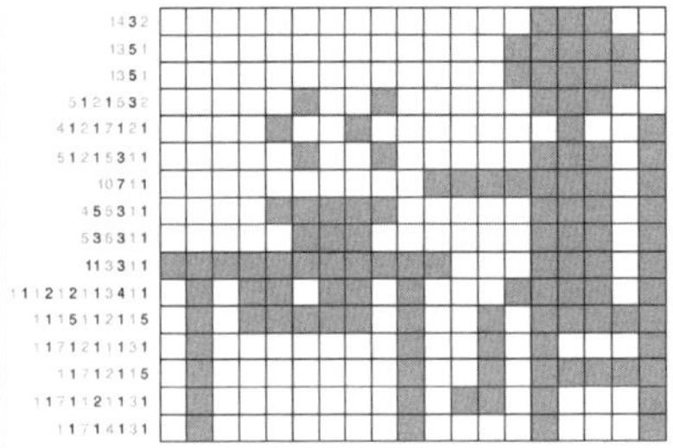

Das Zehner-Einer-Ausmalbild

104

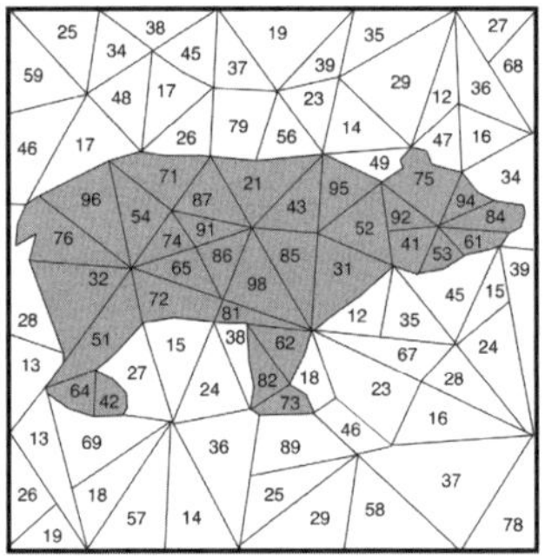

Abzählbild 43

105

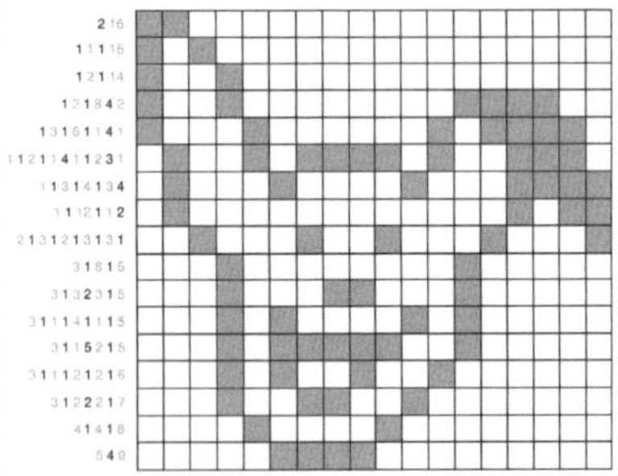

Das Kleiner-15-Ausmalbild

106

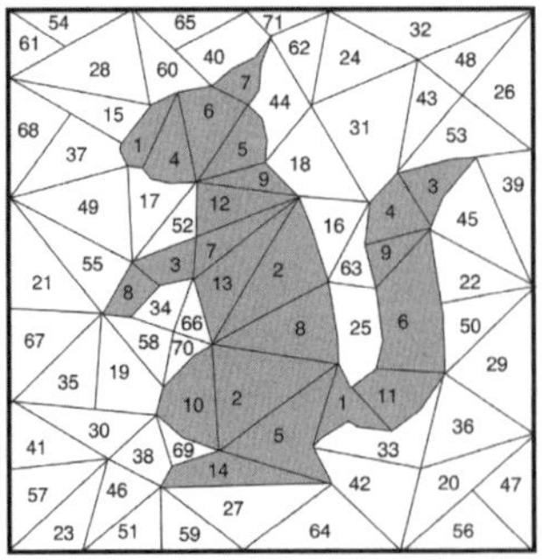

Abzählbild 44

107

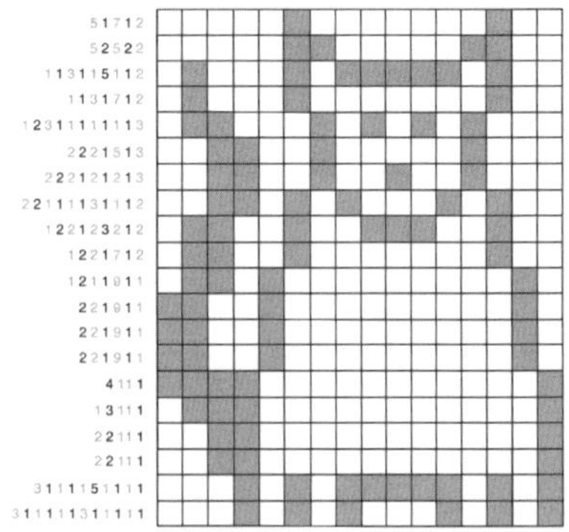

Das Kleiner-20-Ausmalbild

108

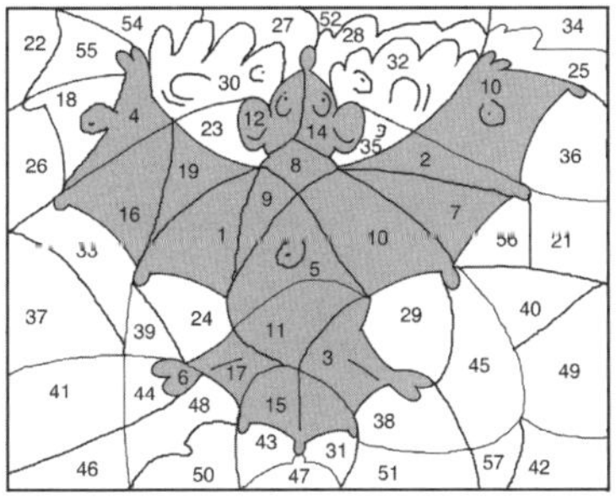

Abzählbild 45

109

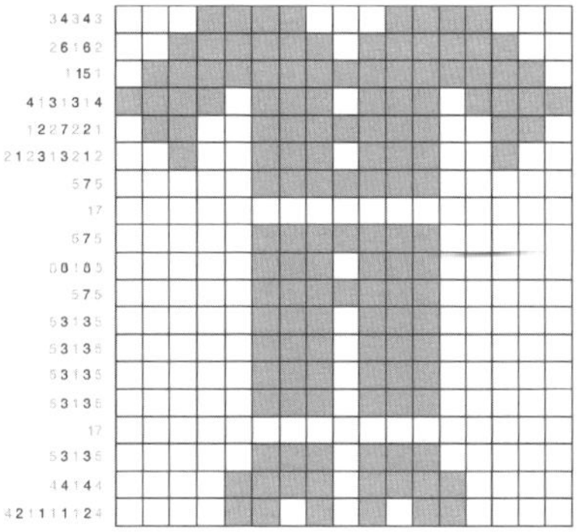

Das Kleiner-größer-Ausmalbild

110

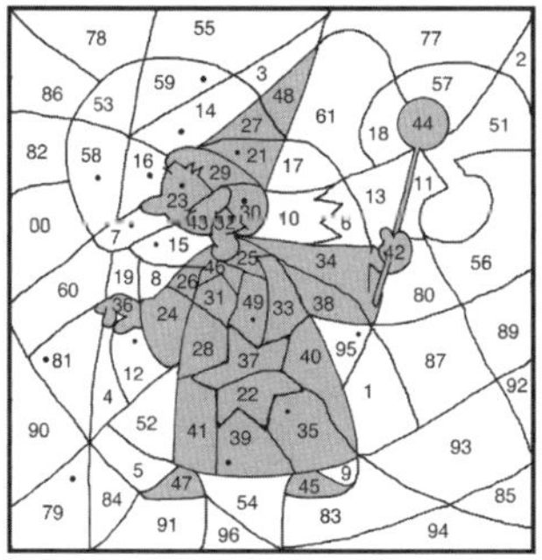

Abzählbild 46

111

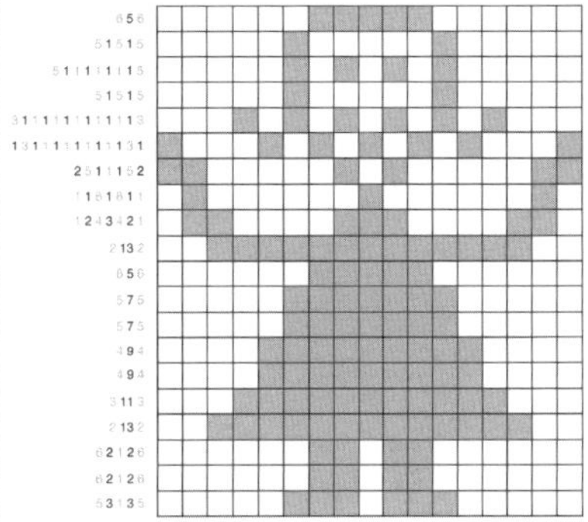

Rechenbild 1 – Charlys Brief

112

1	2	3	4	5	6	7	8	9
10	11	12	13	14	15	16	17	18
19	20	21	22	23	24	25	26	27
28	29	30	31	32	33	34	35	36
37	38	39	40	41	42	43	44	45
46	47	48	49	50	51	52	53	54
55	56	57	58	59	60	61	62	63
64	65	66	67	68	69	70	71	72

Abzählbild 47

113

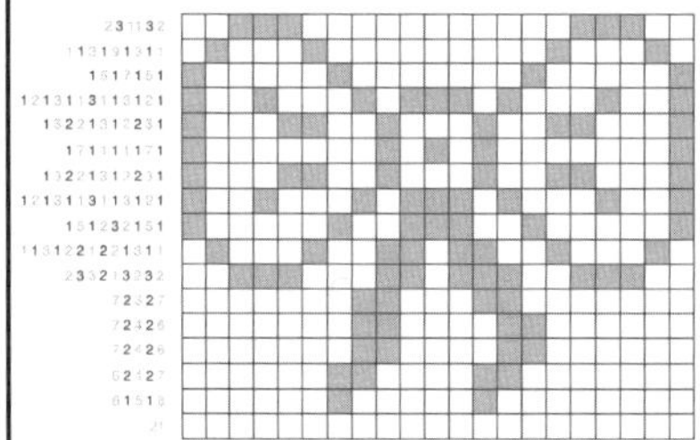

Rechenbild 2

114

1	2	3	4	5	6	7	8	9	10
11	12	13	14	15	16	17	18	19	20
21	22	23	24	25	26	27	28	29	30
31	32	33	34	35	36	37	38	39	40
41	42	43	44	45	46	47	48	49	50
51	52	53	54	55	56	57	58	59	60
61	62	63	64	65	66	67	68	69	70
71	72	73	74	75	76	77	78	79	80
81	82	83	84	85	86	87	88	89	90
91	92	93	94	95	96	97	98	99	100

Abzählbild 48

115

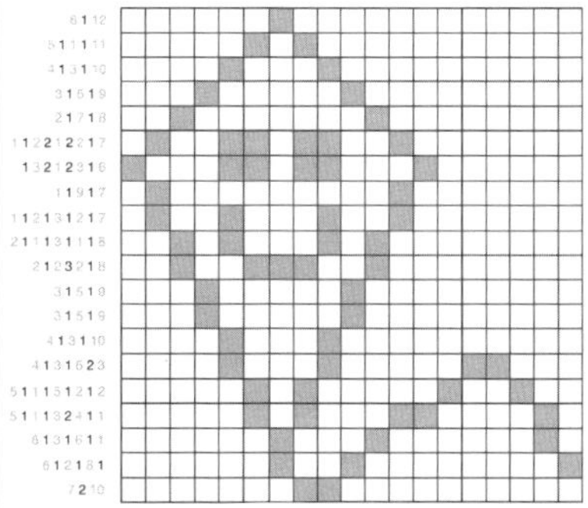

Rechenbild 3 – Der Wettlauf

116

1	2	3	4	5	6	7	8	9	10
11	12	13	14	15	16	17	18	19	20
21	22	23	24	25	26	27	28	29	30
31	32	33	34	35	36	37	38	39	40
41	42	43	44	45	46	47	48	49	50
51	52	53	54	55	56	57	58	59	60
61	62	63	64	65	66	67	68	69	70
71	72	73	74	75	76	77	78	79	80
81	82	83	84	85	86	87	88	89	90
91	92	93	94	95	96	97	98	99	100

Abzählbild 49

117

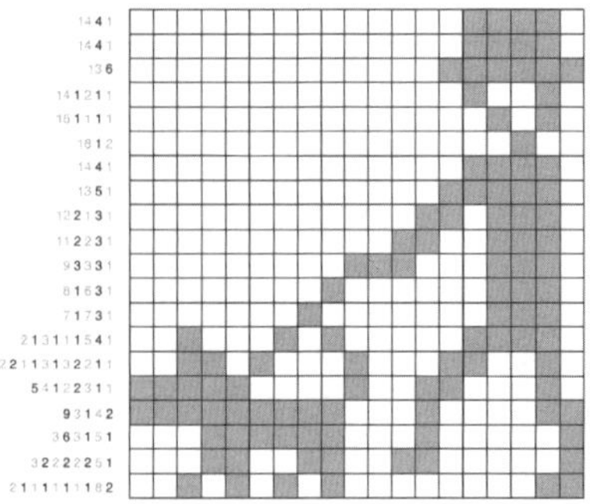

Rechenbild 4

118

1	2	3	4	5	6	7	8	9	10
11	12	13	14	15	16	17	18	19	20
21	22	23	24	25	26	27	28	29	30
31	32	33	34	35	36	37	38	39	40
41	42	43	44	45	46	47	48	49	50
51	52	53	54	55	56	57	58	59	60
61	62	63	64	65	66	67	68	69	70
71	72	73	74	75	76	77	78	79	80
81	82	83	84	85	86	87	88	89	90
91	92	93	94	95	96	97	98	99	100

Abzählbild 50

119

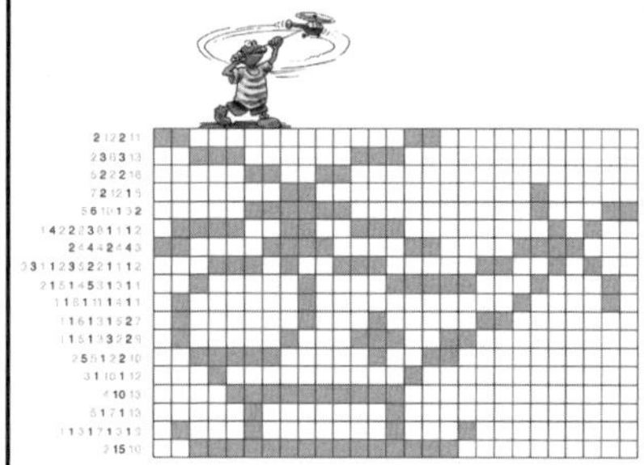

Rechenbild 5

120

1	2	3	4	5	6	7	8	9	10
11	12	13	14	15	16	17	18	19	20
21	22	23	24	25	26	27	28	29	30
31	32	33	34	35	36	37	38	39	40
41	42	43	44	45	46	47	48	49	50
51	52	53	54	55	56	57	58	59	60
61	62	63	64	65	66	67	68	69	70
71	72	73	74	75	76	77	78	79	80
81	82	83	84	85	86	87	88	89	90
91	92	93	94	95	96	97	98	99	100

Abzählbild 1 – Der Geburtstag

Charly Frosch hat Geburtstag. Wenn du das Abzählbild richtig löst, weißt du auch, wie alt Charly heute geworden ist.
Bei den Abzählbildern geben die grauen Zahlen die Anzahl der Felder an, die du **nicht** ausmalen sollst. Die schwarzen Zahlen geben die Anzahl der Felder an, die du ausmalen sollst.
Beispiel: 1 2 4 1 bedeutet: Du malst das erste Kästchen aus, lässt zwei Kästchen frei, malst vier Kästchen aus und lässt wieder eins frei.
Alles klar? Dann geht's jetzt los!

6						
1 5						
1 1 2 2						
2 2 1 1						
5 1						
5 1						
1 3 1 1						
1 3 2						

Ausmalbild 1

Dieses Zauberbild darfst du ausmalen, und zwar so:

☆	gelb	✿	grün	☾	orange
□	blau	♡	rot	△	braun

Abzählbild 2 – Die Hausaufgabe

Möchtest du wissen, was die Lehrerin unter Charlys Hausaufgabe geschrieben hat? Du kannst es lesen, wenn du dieses Abzählbild löst.
Bei den Abzählbildern geben die grauen Zahlen die Anzahl der Felder an, die du **nicht** ausmalen sollst. Die schwarzen Zahlen geben die Anzahl der Felder an, die du ausmalen sollst.
Beispiel: 1 2 4 1 bedeutet: Du malst das erste Kästchen aus, lässt zwei Kästchen frei, malst vier Kästchen aus und lässt wieder eins frei.
Alles klar? Dann geht's jetzt los!

1 2 7 1 1												
1 2 1 6 1 1												
1 8 3												
1 1 2 1 1 1 1 2 1 1												
1 2 1 1 1 1 1 2 1 1												
4 1 3 2 1 1												

Ausmalbild 2

Male nur die Felder mit einem Buntstift aus, in denen du ein solches Quadrat □ entdeckst!

Abzählbild 3

Bei den Abzählbildern geben die grauen Zahlen die Anzahl der Felder an, die du **nicht** ausmalen sollst. Die schwarzen Zahlen geben die Anzahl der Felder an, die du ausmalen sollst.
Beispiel: 1 2 4 1 bedeutet: Du malst das erste Kästchen aus, lässt zwei Kästchen frei, malst vier Kästchen aus und lässt wieder eins frei.
Alles klar? Dann geht's jetzt los!

4 1 4									
1 1 2 1 2 1 1									
2 1 1 1 1 1 2									
3 3 3									
9									
3 3 3									
2 1 1 1 1 1 2									
1 1 2 1 2 1 1									
4 1 4									

Ausmalbild 3

Male nur die Felder mit einem Buntstift aus, in denen du ein solches Sternchen ☆ entdeckst!

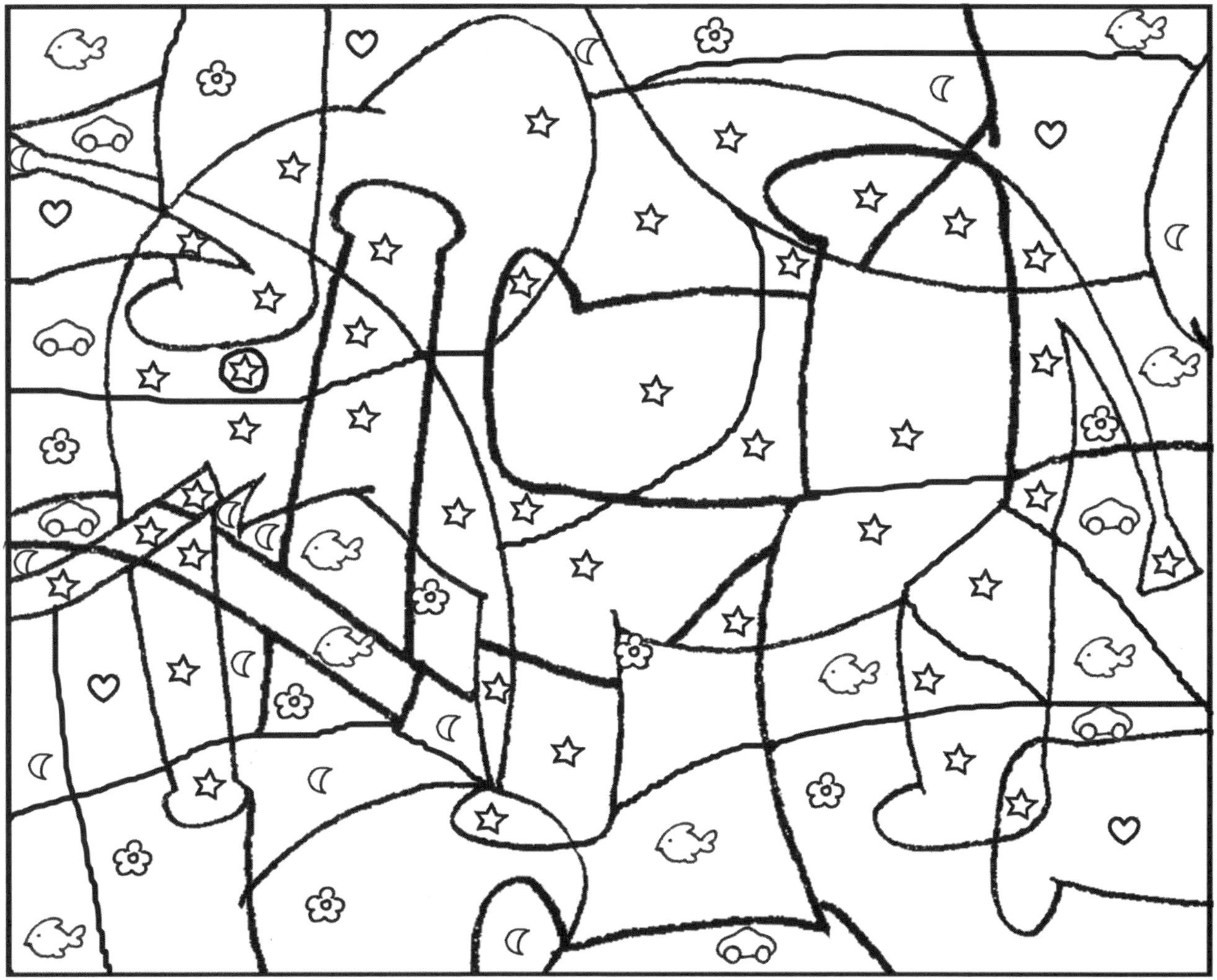

Abzählbild 4

Bei den Abzählbildern geben die grauen Zahlen die Anzahl der Felder an, die du **nicht** ausmalen sollst. Die schwarzen Zahlen geben die Anzahl der Felder an, die du ausmalen sollst.
Beispiel: 1 2 4 1 bedeutet: Du malst das erste Kästchen aus, lässt zwei Kästchen frei, malst vier Kästchen aus und lässt wieder eins frei.
Alles klar? Dann geht's jetzt los!

1 3 4 1 3												
5 2 3 2												
5 1 5 1												
1 3 1 1 5 1												
2 1 2 1 1 1 1 1 1 1												
2 1 2 1 5 1												
2 1 2 1 5 1												

Linienbild 1

Setze einen roten Stift auf den Startpunkt und fahre diese Spur sorgfältig nach. Wenn du wieder am Startpunkt angekommen bist, kannst du das Linienbild sehen.

Abzählbild 5

Bei den Abzählbildern geben die grauen Zahlen die Anzahl der Felder an, die du **nicht** ausmalen sollst. Die schwarzen Zahlen geben die Anzahl der Felder an, die du ausmalen sollst.
Beispiel: 1 2 4 1 bedeutet: Du malst das erste Kästchen aus, lässt zwei Kästchen frei, malst vier Kästchen aus und lässt wieder eins frei.
Alles klar? Dann geht's jetzt los!

1 1 1 3 3 5														
3 2 1 3 1 4														
3 1 1 2 1 2 1 3														
5 1 1 2 1 4														
1 4 2 2 1 1 3														
1 5 4 3 1														
2 12														

Linienbild 2

Setze einen roten Stift auf den Startpunkt und fahre diese Spur sorgfältig nach. Wenn du wieder am Startpunkt angekommen bist, kannst du das Linienbild sehen.

Abzählbild 6

Bei den Abzählbildern geben die grauen Zahlen die Anzahl der Felder an, die du **nicht** ausmalen sollst. Die schwarzen Zahlen geben die Anzahl der Felder an, die du ausmalen sollst.
Beispiel: 1 2 4 1 bedeutet: Du malst das erste Kästchen aus, lässt zwei Kästchen frei, malst vier Kästchen aus und lässt wieder eins frei.
Alles klar? Dann geht's jetzt los!

4 2 3									
2 7									
1 8									
9									
4 2 3									
4 2 3									
4 2 3									
4 2 3									
4 2 3									
4 2 3									
4 2 3									
4 2 3									

Linienbild 3

Setze einen roten Stift auf den Startpunkt und fahre diese Spur sorgfältig nach. Wenn du wieder am Startpunkt angekommen bist, kannst du das Linienbild sehen.

Abzählbild 7

Bei den Abzählbildern geben die grauen Zahlen die Anzahl der Felder an, die du **nicht** ausmalen sollst. Die schwarzen Zahlen geben die Anzahl der Felder an, die du ausmalen sollst.
Beispiel: 1 2 4 1 bedeutet: Du malst das erste Kästchen aus, lässt zwei Kästchen frei, malst vier Kästchen aus und lässt wieder eins frei.
Alles klar? Dann geht's jetzt los!

1 7 1
2 5 2
1 1 5 1 1
2 5 2
1 2 1 1 1 2 1
1 2 1 1 1 2 1
1 1 5 1 1
1 1 5 1 1
1 1 2 1 2 1 1
1 1 1 3 1 1 1
2 1 1 1 1 1 2
3 3 3

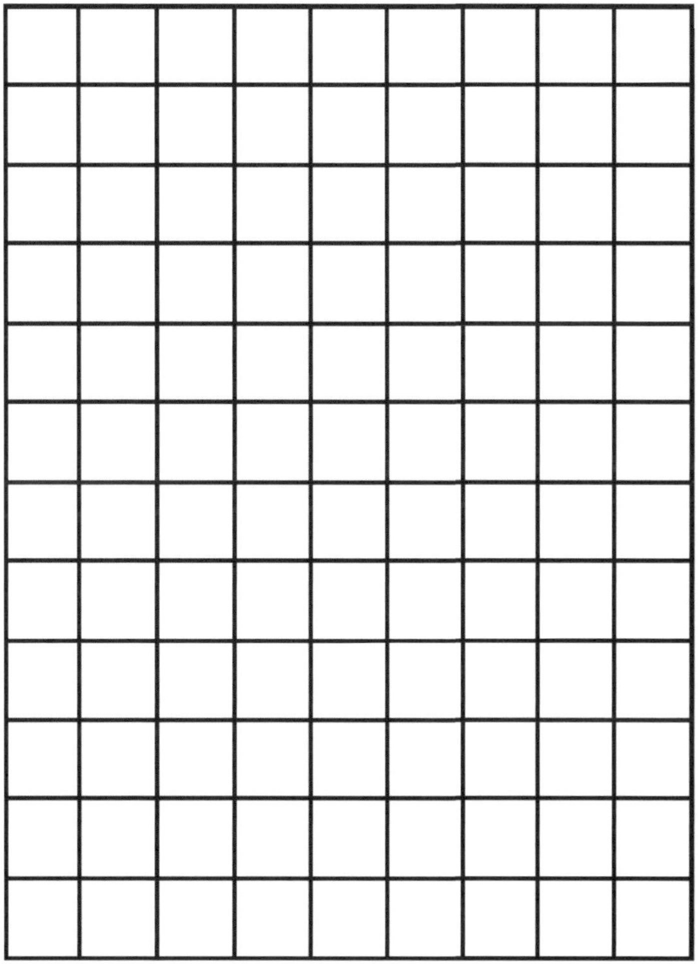

Linienbild 4

Setze einen roten Stift auf den Startpunkt und fahre diese Spur sorgfältig nach. Wenn du wieder am Startpunkt angekommen bist, kannst du das Linienbild sehen.

Abzählbild 8

Bei den Abzählbildern geben die grauen Zahlen die Anzahl der Felder an, die du **nicht** ausmalen sollst. Die schwarzen Zahlen geben die Anzahl der Felder an, die du ausmalen sollst.
Beispiel: 1 2 4 1 bedeutet: Du malst das erste Kästchen aus, lässt zwei Kästchen frei, malst vier Kästchen aus und lässt wieder eins frei.
Alles klar? Dann geht's jetzt los!

1 **1** 1 **1** 1 **1** 1 **1** 1									
1 **1** 1 **1** 1 **1** 1 **1** 1									
1 1 **1** 3 **1** 1 **1**									
4 1 **4**									
2 **1** 3 **1** 2									
2 **5** 2									
1 **1** 5 **1** 1									
1 7 **1**									
1 2 **1** 1 **1** 2 **1**									
1 7 **1**									
1 **1** 5 **1** 1									
2 **1** 3 **1** 2									
2 **5** 2									
2 **1** 1 **1** 1 **1** 2									
3 **3** 3									

Linienbild 5

Setze einen roten Stift auf den Startpunkt und fahre diese Spur sorgfältig nach. Wenn du wieder am Startpunkt angekommen bist, kannst du das Linienbild sehen.

Abzählbild 9

Bei den Abzählbildern geben die grauen Zahlen die Anzahl der Felder an, die du **nicht** ausmalen sollst. Die schwarzen Zahlen geben die Anzahl der Felder an, die du ausmalen sollst.
Beispiel: 1 2 4 1 bedeutet: Du malst das erste Kästchen aus, lässt zwei Kästchen frei, malst vier Kästchen aus und lässt wieder eins frei.
Alles klar? Dann geht's jetzt los!

2 1 12
1 2 1 11
1 1 1 1 2 6 3
2 1 2 1 1 1 1 1 1 2 2
1 5 1 1 1 1 1 1 1 1 1
4 1 1 1 1 1 1 1 1 1 2
15
3 1 1 1 1 1 1 1 1 1 1 1 1
3 1 1 1 1 1 1 1 1 1 1 1 1

Dreieckbild 1

Verbinde immer drei gleiche Symbole mit geraden Strichen! Wenn du Lust hast, kannst du das Bild anschließend ausmalen.

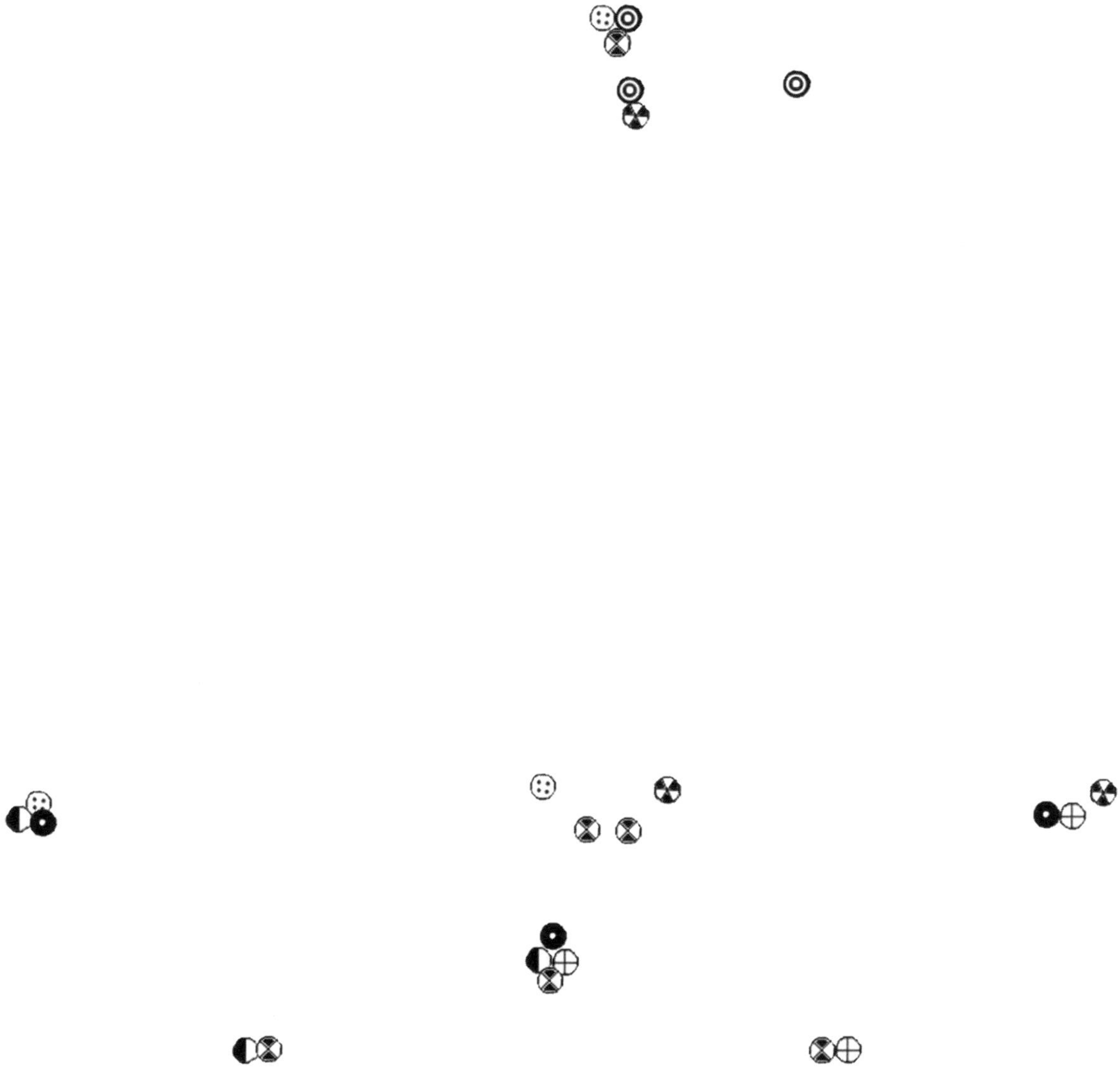

Abzählbild 10

Bei den Abzählbildern geben die grauen Zahlen die Anzahl der Felder an, die du **nicht** ausmalen sollst. Die schwarzen Zahlen geben die Anzahl der Felder an, die du ausmalen sollst.
Beispiel: 1 2 4 1 bedeutet: Du malst das erste Kästchen aus, lässt zwei Kästchen frei, malst vier Kästchen aus und lässt wieder eins frei.
Alles klar? Dann geht's jetzt los!

2 1 4 1 2										
1 2 1 2 1 2 1										
2 2 2 2 2										
3 1 2 1 3										
10										
10										
10										
4 2 4										
10										
10										
10										
3 1 2 1 3										
2 6 2										
1 8 1										

Dreieckbild 2

Verbinde immer drei gleiche Symbole mit geraden Strichen! Wenn du Lust hast, kannst du das Bild anschließend ausmalen.

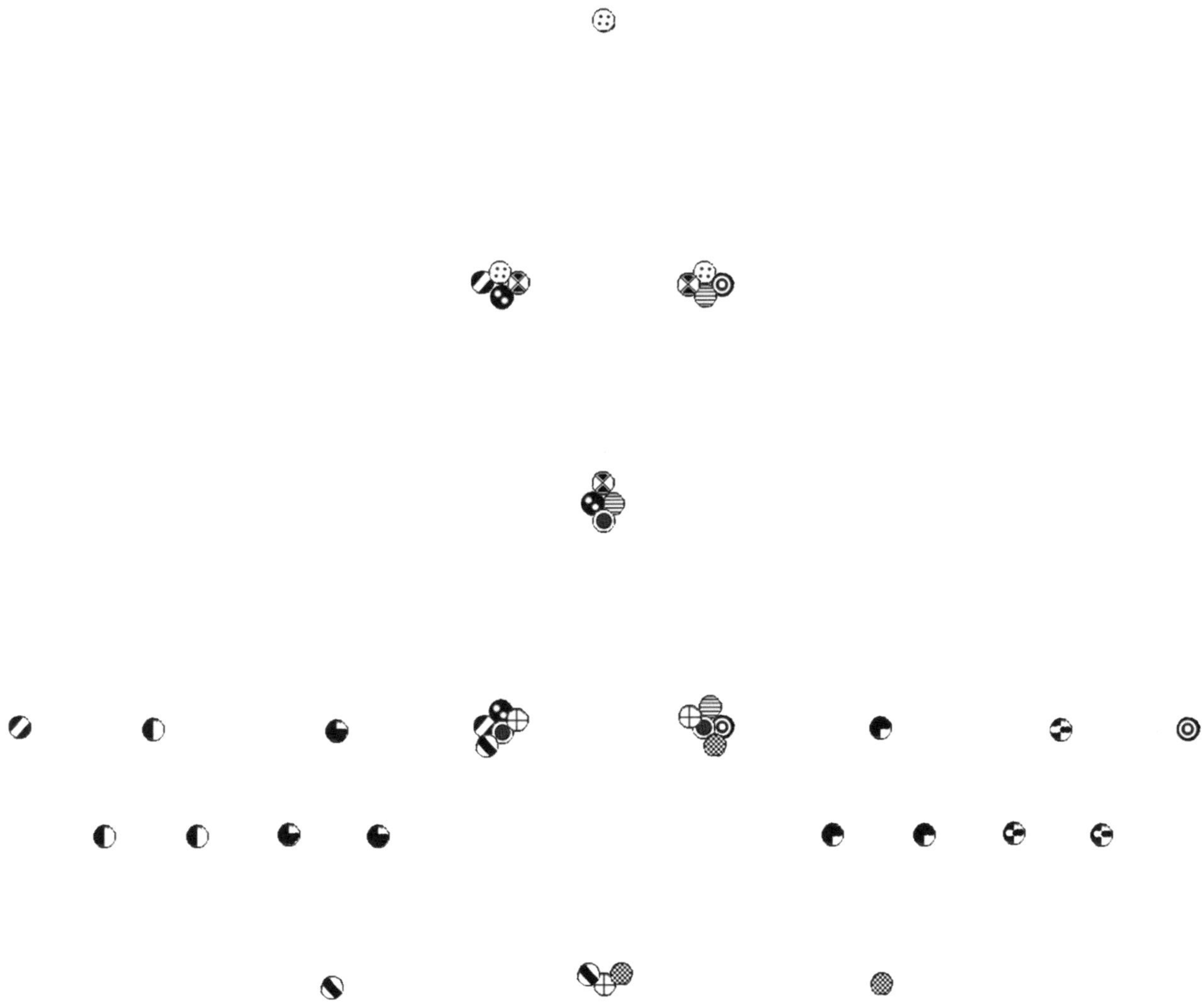

Abzählbild 11

Bei den Abzählbildern geben die grauen Zahlen die Anzahl der Felder an, die du **nicht** ausmalen sollst. Die schwarzen Zahlen geben die Anzahl der Felder an, die du ausmalen sollst.
Beispiel: 1 2 4 1 bedeutet: Du malst das erste Kästchen aus, lässt zwei Kästchen frei, malst vier Kästchen aus und lässt wieder eins frei.
Alles klar? Dann geht's jetzt los!

3 **2** 7
2 **4** 6
6 6
3 **3** 6
2 **3** 7
1 **8** 2 **1**
1 **10** 1
1 **10** 1
2 **8** 2
3 **6** 3
6 **1** 5
4 **3** 5

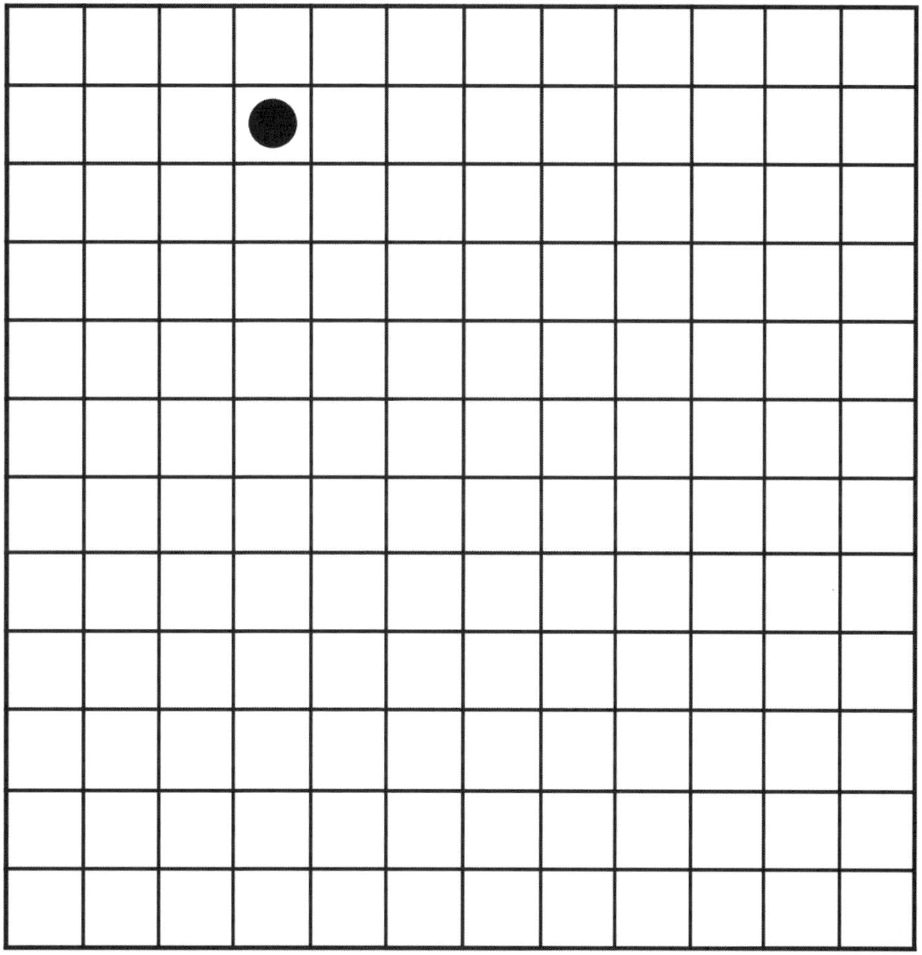

Dreieckbild 3

Verbinde immer drei gleiche Symbole mit geraden Strichen! Wenn du Lust hast, kannst du das Bild anschließend ausmalen.

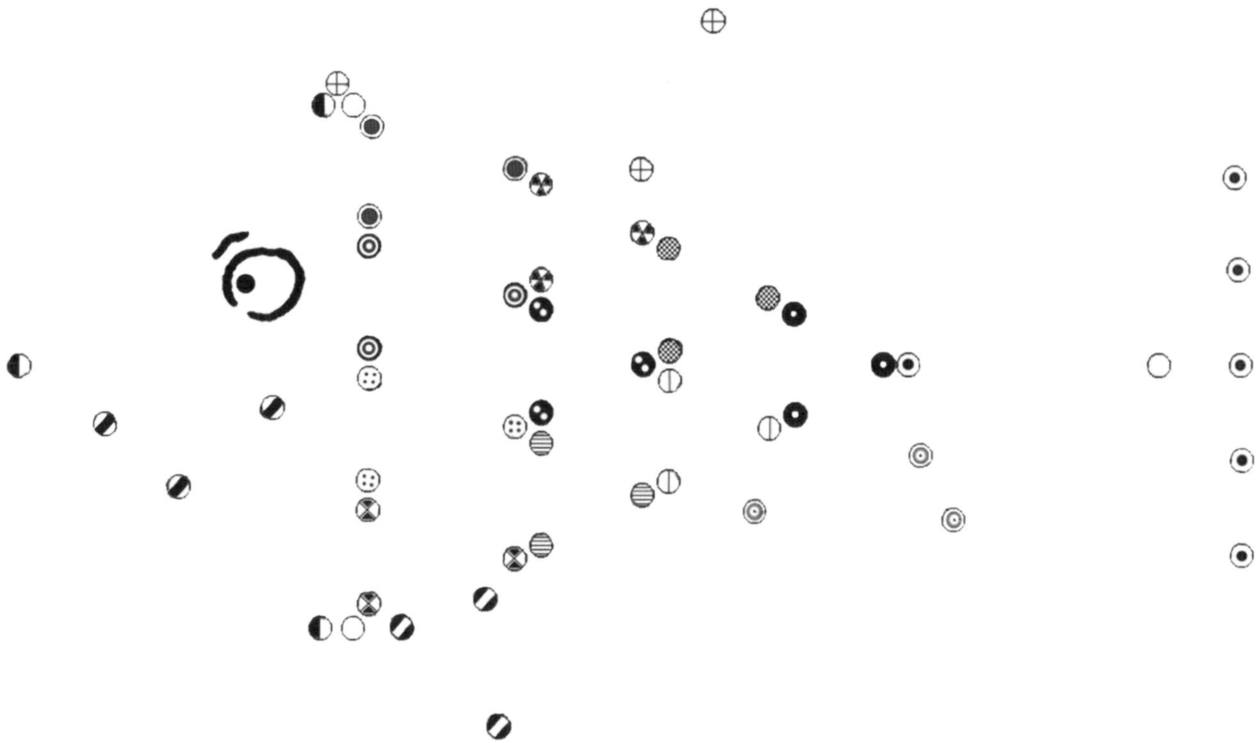

Abzählbild 12

Bei den Abzählbildern geben die grauen Zahlen die Anzahl der Felder an, die du **nicht** ausmalen sollst. Die schwarzen Zahlen geben die Anzahl der Felder an, die du ausmalen sollst.
Beispiel: 1 2 4 1 bedeutet: Du malst das erste Kästchen aus, lässt zwei Kästchen frei, malst vier Kästchen aus und lässt wieder eins frei.
Alles klar? Dann geht's jetzt los!

4 5 3												
2 8 2												
2 5 3 1 1												
1 5 6												
1 5 6												
5 7												
5 7												
1 5 6												
1 5 6												
2 5 3 1 1												
2 8 2												
4 5 3												

Buchstaben-Suchbild 1 – Mimi Maus

Mimi Maus hat lange darüber nachgedacht, wie sie ihren kleinen Sohn nennen soll. Möchtest du wissen, für welchen Namen sie sich entschieden hat? Dann male alle Felder an, in denen du ein „M“ entdeckst.

M	I	R	F	M	A	M	L	K	M	M	D	M	R	S	M	O	M
M	M	B	M	M	N	M	C	M	X	Y	V	M	Ä	M	Ö	L	M
M	K	M	J	M	H	M	G	M	F	D	S	M	M	A	Ü	O	M
M	I	U	Z	M	T	M	R	M	E	W	Q	M	Y	M	S	R	M
M	U	O	N	M	R	M	F	J	M	M	L	M	I	G	M	P	M

Abzählbild 13

Bei den Abzählbildern geben die grauen Zahlen die Anzahl der Felder an, die du **nicht** ausmalen sollst. Die schwarzen Zahlen geben die Anzahl der Felder an, die du ausmalen sollst.
Beispiel: 1 2 4 1 bedeutet: Du malst das erste Kästchen aus, lässt zwei Kästchen frei, malst vier Kästchen aus und lässt wieder eins frei.
Alles klar? Dann geht's jetzt los!

6 1 5												
5 2 5												
4 1 1 2 4												
3 1 2 1 1 1 3												
2 1 3 1 2 1 2												
1 1 4 1 3 1 1												
12												
6 1 5												
12												
1 10 1												
2 8 2												
3 6 3												

Buchstaben-Suchbild 2

Male nur die Felder aus, in denen du einen Buchstaben entdeckst!

8	3	6	2	7	0	3	7	4	8	5	1
0	1	8	3	7	2	9	A	9	2	4	5
9	2	7	4	1	J	F	K	6	8	3	0
3	2	1	F	R	D	E	S	V	8	9	B
5	H	Y	Z	U	V	N	B	T	7	A	S
V	F	4	J	A	G	Z	E	H	X	K	U
7	N	G	S	D	I	T	O	G	J	T	P
E	R	T	U	I	O	P	D	J	5	S	X
8	P	L	M	N	B	V	F	R	3	1	Z
9	2	9	D	K	L	P	X	Y	7	6	4
8	2	5	4	7	W	S	X	7	9	2	3
7	2	5	1	6	3	9	G	6	2	1	0

Abzählbild 14

Bei den Abzählbildern geben die grauen Zahlen die Anzahl der Felder an, die du **nicht** ausmalen sollst. Die schwarzen Zahlen geben die Anzahl der Felder an, die du ausmalen sollst.
Beispiel: 1 2 4 1 bedeutet: Du malst das erste Kästchen aus, lässt zwei Kästchen frei, malst vier Kästchen aus und lässt wieder eins frei.
Alles klar? Dann geht's jetzt los!

5 2 5												
5 1 1 2 3												
4 2 2 2 2												
4 1 1 1 1 3 1												
3 1 2 1 2 2 1												
3 1 3 1 4												
2 1 4 1 4												
2 1 5 2 2												
2 2 3 4 1												
1 4 2 4 1												
1 4 3 2 2												
2 2 8												

Buchstaben-Suchbild 3

Male nur die Felder mit einem Buntstift aus, in denen du einen Buchstaben entdeckst!

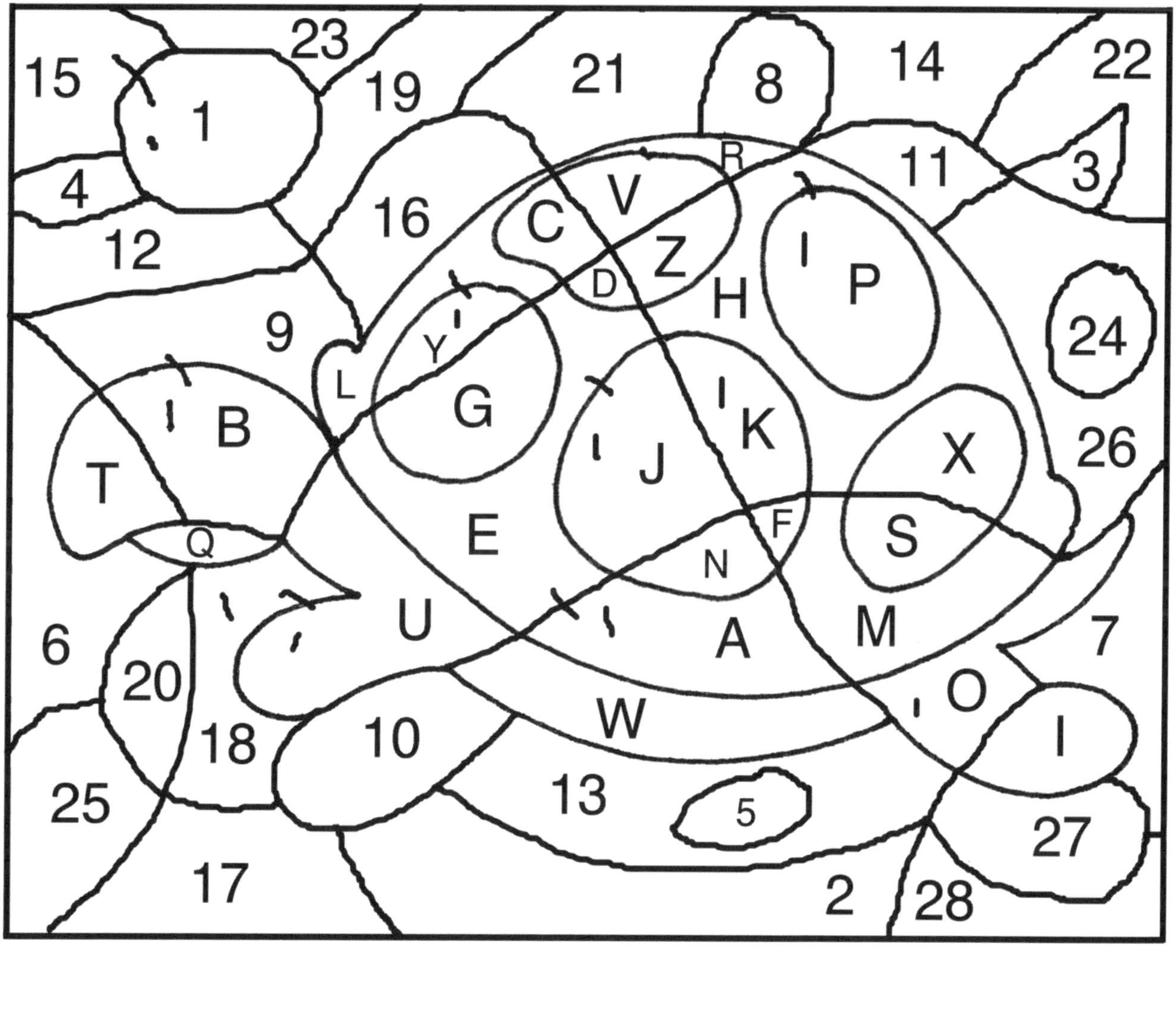

Abzählbild 15

Bei den Abzählbildern geben die grauen Zahlen die Anzahl der Felder an, die du **nicht** ausmalen sollst. Die schwarzen Zahlen geben die Anzahl der Felder an, die du ausmalen sollst.
Beispiel: 1 2 4 1 bedeutet: Du malst das erste Kästchen aus, lässt zwei Kästchen frei, malst vier Kästchen aus und lässt wieder eins frei.
Alles klar? Dann geht's jetzt los!

4 4 4												
2 8 2												
1 3 1 2 1 3 1												
1 3 1 2 1 3 1												
12												
5 2 5												
12												
2 1 6 1 2												
1 2 1 4 1 2 1												
1 3 4 3 1												
2 8 2												
4 4 4												

Das Großbuchstaben-Suchbild

Male nur die Felder aus, in denen du einen Großbuchstaben entdeckst!

g	h	o	j	b	d	A	a	s	r	f	e
u	b	a	w	q	D	x	M	t	p	l	o
k	f	n	i	W	g	z	r	Y	g	d	s
p	o	i	u	Z	t	R	e	Q	a	s	d
f	g	h	j	k	L	Y	X	c	v	b	n
m	l	k	o	i	u	J	n	b	h	z	t
g	v	f	r	E	D	C	S	Q	a	y	q
p	q	o	w	I	R	T	Z	G	f	h	j
d	k	s	l	M	Y	N	X	B	c	v	o
w	l	n	m	F	H	K	O	P	u	v	x
r	t	f	k	U	V	Z	D	A	d	w	y
a	e	D	O	S	U	B	R	Q	L	F	d

Abzählbild 16 – Versteckt!

Wenn du die Angaben genau befolgst und ein bisschen Geduld hast, kannst du in diesem Kasten gleich ein Wort lesen. Viel Spaß dabei!
Bei den Abzählbildern geben die grauen Zahlen die Anzahl der Felder an, die du **nicht** ausmalen sollst. Die schwarzen Zahlen geben die Anzahl der Felder an, die du ausmalen sollst.
Beispiel: 1 2 4 1 bedeutet: Du malst das erste Kästchen aus, lässt zwei Kästchen frei, malst vier Kästchen aus und lässt wieder eins frei.
Alles klar? Dann geht's jetzt los!

1 1 1 1 1 1 1 1 1 1 1 1												
1 1 1 1 1 1 1 1 1 1 1 1												
12												
3 4 1 2 1 1												
1 1 5 1 2 1 1												
1 1 2 1 2 1 2 1 1												
1 1 1 1 1 1 1 1 2 1 1												
1 1 1 1 1 1 1 1 2 1 1												
1 1 2 1 2 2 1 2												
12												
1 1 1 1 1 1 1 1 1 1 1 1												
1 1 1 1 1 1 1 1 1 1 1 1												

Das Kleinbuchstaben-Suchbild

Male nur die Felder aus, in denen du einen Kleinbuchstaben entdeckst!

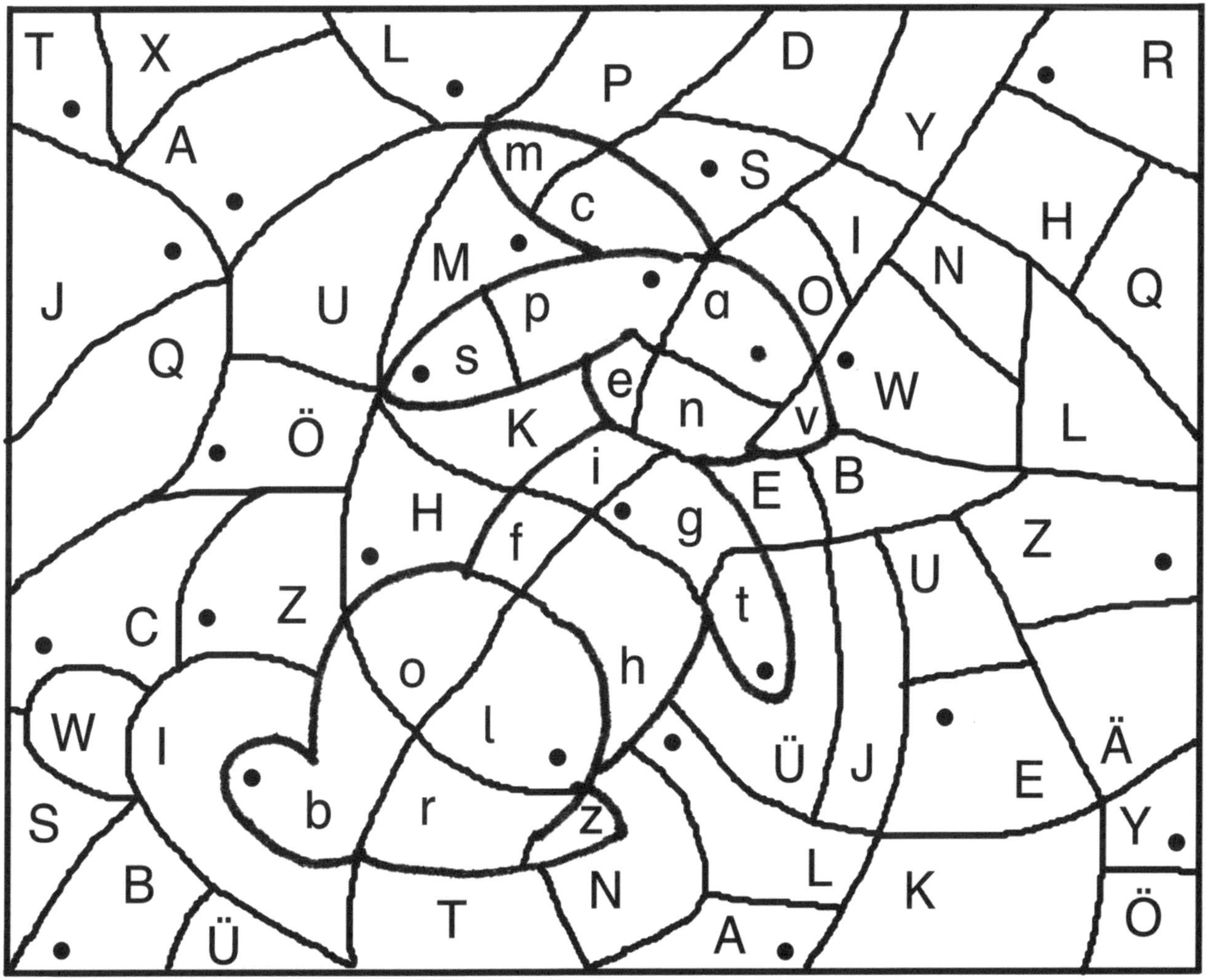

Abzählbild 17

Bei den Abzählbildern geben die grauen Zahlen die Anzahl der Felder an, die du **nicht** ausmalen sollst. Die schwarzen Zahlen geben die Anzahl der Felder an, die du ausmalen sollst.
Beispiel: 1 2 4 1 bedeutet: Du malst das erste Kästchen aus, lässt zwei Kästchen frei, malst vier Kästchen aus und lässt wieder eins frei.
Alles klar? Dann geht's jetzt los!

1 3 2 3 1										
2 2 2 2 2										
2 1 4 1 2										
10										
1 8 1										
1 8 1										
2 6 2										
2 6 2										
3 4 3										
1 3 2 3 1										
2 2 2 2 2										
3 1 2 1 3										
1 2 1 2 1 2 1										
1 8 1										
2 6 2										

Das A-bis-M-Ausmalbild

Male nur die Felder aus, in denen du einen Buchstaben aus der ersten Hälfte des Alphabets entdeckst (A, B, C, ... M)!

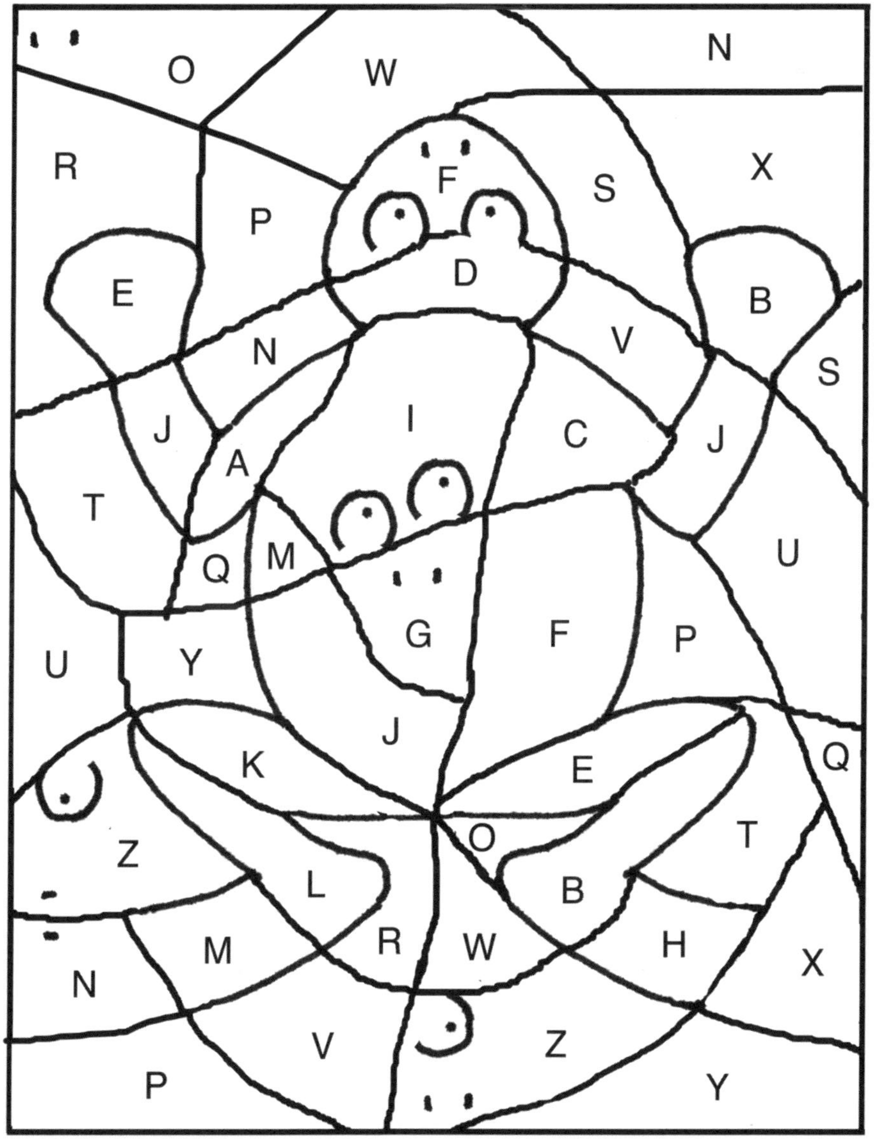

Abzählbild 18

Bei den Abzählbildern geben die grauen Zahlen die Anzahl der Felder an, die du **nicht** ausmalen sollst. Die schwarzen Zahlen geben die Anzahl der Felder an, die du ausmalen sollst.
Beispiel: 1 2 4 1 bedeutet: Du malst das erste Kästchen aus, lässt zwei Kästchen frei, malst vier Kästchen aus und lässt wieder eins frei.
Alles klar? Dann geht's jetzt los!

1 **3** 2 **3** 1										
2 **1** 4 **1** 2										
3 **1** 2 **1** 3										
2 **6** 2										
1 **1** 6 **1** 1										
2 1 **1** 2 **1** 1 **2**										
2 **6** 2										
1 **1** 1 **1** 2 **1** 1 **1** 1										
1 **1** 2 **2** 2 **1** 1										
2 **1** 4 **1** 2										
3 **4** 3										
4 **2** 4										
3 **4** 3										
1 **3** 2 **3** 1										
3 4 **3**										

Das N-bis-Z-Ausmalbild

Male nur die Felder aus, in denen du einen Buchstaben aus der zweiten Hälfte des Alphabets entdeckst (N, O, P, ... Z)!

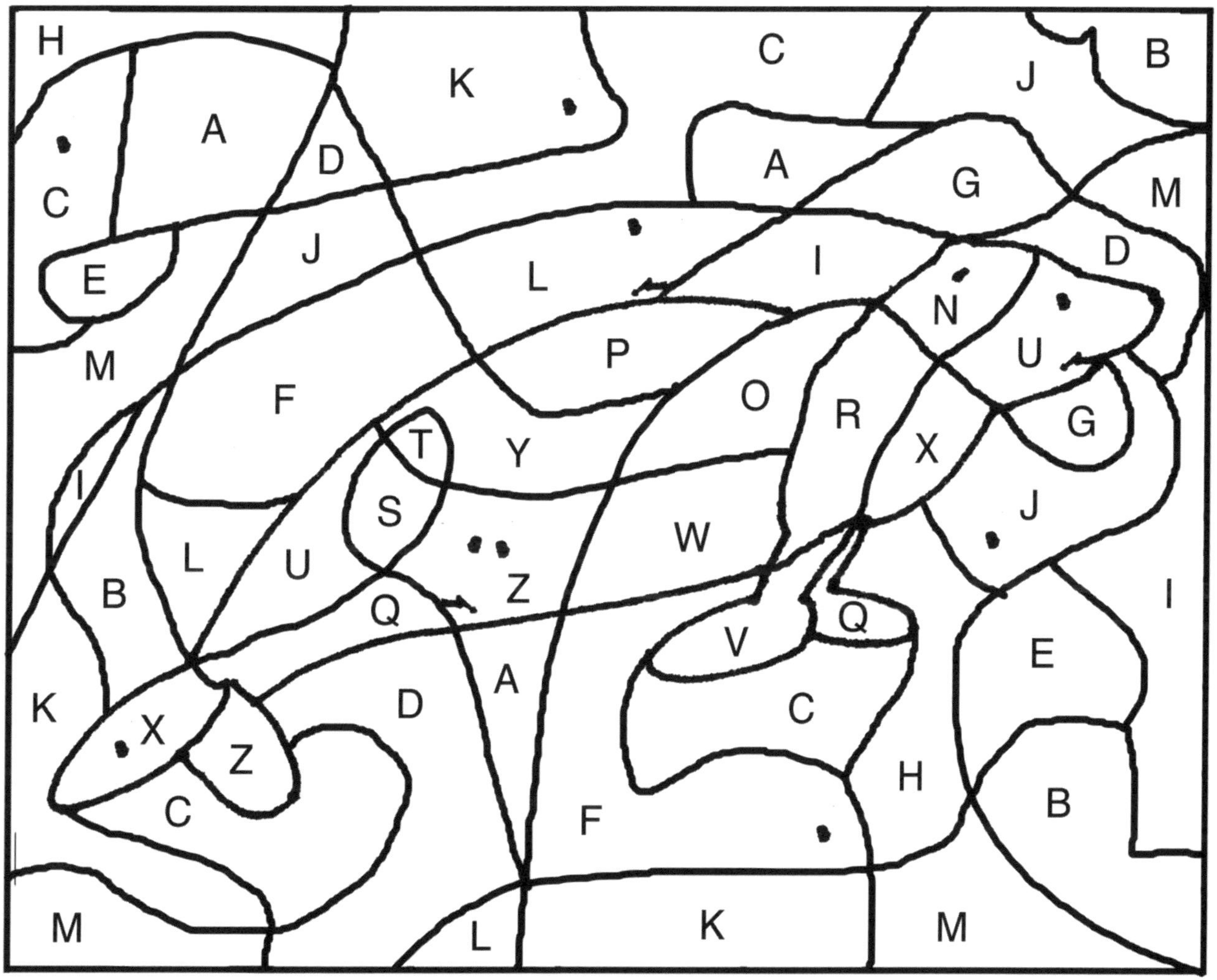

Abzählbild 19

Bei den Abzählbildern geben die grauen Zahlen die Anzahl der Felder an, die du **nicht** ausmalen sollst. Die schwarzen Zahlen geben die Anzahl der Felder an, die du ausmalen sollst.
Beispiel: 1 2 4 1 bedeutet: Du malst das erste Kästchen aus, lässt zwei Kästchen frei, malst vier Kästchen aus und lässt wieder eins frei.
Alles klar? Dann geht's jetzt los!

1 15 2																		
1 17																		
2 13 2 1																		
2 13 2 1																		
2 16																		
3 11 4																		
4 9 5																		
5 7 6																		
18																		

Selbstlautbild 1

Male nur die Felder mit einem Buntstift aus, in denen du einen Selbstlaut entdeckst! Die Selbstlaute heißen a, e, i, o und u.

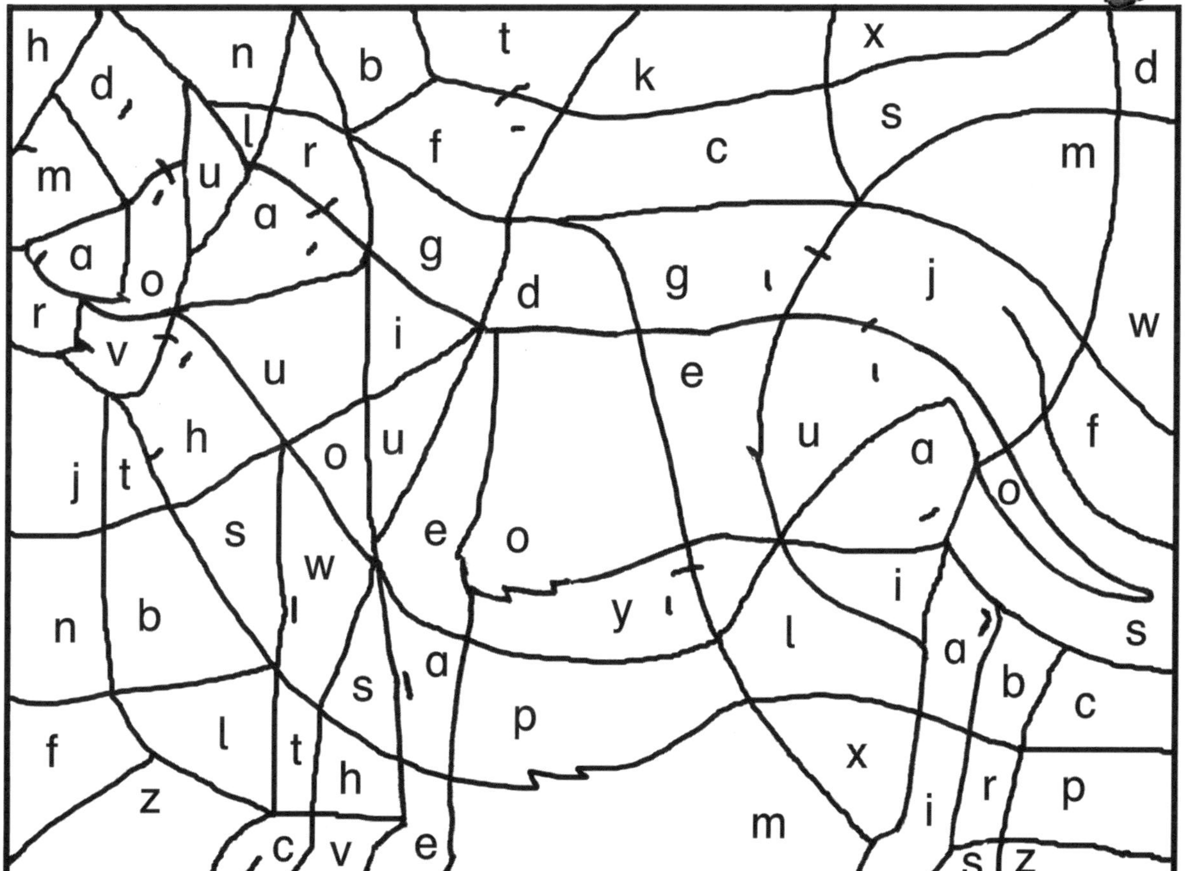

Abzählbild 20

Bei den Abzählbildern geben die grauen Zahlen die Anzahl der Felder an, die du **nicht** ausmalen sollst. Die schwarzen Zahlen geben die Anzahl der Felder an, die du ausmalen sollst.
Beispiel: 1 2 4 1 bedeutet: Du malst das erste Kästchen aus, lässt zwei Kästchen frei, malst vier Kästchen aus und lässt wieder eins frei.
Alles klar? Dann geht's jetzt los!

2 2 1 2 2									
1 1 2 1 2 1 1									
1 1 1 3 1 1 1									
2 2 1 2 2									
1 1 1 3 1 1 1									
1 1 2 1 2 1 1									
2 5 2									
4 1 4									
4 1 4									
4 1 1 2 1									
4 2 2 1									
1 2 1 1 3 1									
1 2 2 1 2 1									
1 3 2 3									
1 2 1 1 4									
3 2 4									
4 1 4									
9									

Selbstlautbild 2

Male nur die Felder mit einem Buntstift aus, in denen du einen Selbstlaut entdeckst! Die Selbstlaute heißen a, e, i, o und u.

F	G	H	J	K	L	P	Z	T	R	W	Q	S	D	A	E	Y	X
C	V	B	N	M	Y	Q	W	S	X	C	D	R	I	O	U	A	F
V	B	G	T	Z	H	N	M	J	K	L	P	A	E	I	O	U	A
L	K	J	H	G	F	D	S	P	Z	T	O	U	E	A	E	I	R
W	Q	M	N	B	V	C	X	Y	Z	I	E	R	O	A	U	D	K
P	W	T	C	D	M	F	N	G	O	I	A	E	E	U	L	S	J
Y	B	H	K	L	R	P	T	I	A	N	A	O	U	R	C	T	R
N	B	R	T	O	U	I	A	E	U	I	E	A	L	N	D	R	S
H	F	F	A	E	M	A	E	U	I	O	A	N	N	M	R	T	N
P	A	F	E	N	D	R	A	I	E	U	S	N	K	L	N	G	R
O	S	B	A	I	N	S	T	E	O	L	Z	G	L	F	F	M	X
C	D	I	R	E	O	V	M	L	E	V	N	K	C	H	N	S	C
H	A	B	T	L	E	A	N	I	O	T	S	C	H	R	Z	N	P
E	T	R	E	S	C	E	E	E	M	R	W	N	S	T	N	C	H
R	C	U	H	R	T	S	H	C	L	L	M	L	B	R	N	L	V
F	E	L	H	E	C	R	O	M	R	L	N	R	C	H	R	D	K
A	R	N	O	D	G	I	N	S	B	M	S	H	R	R	T	F	G
S	M	O	F	R	A	N	Z	W	C	H	T	L	M	R	H	R	Z
G	E	R	K	O	B	R	R	N	D	F	N	K	H	S	L	D	R

Abzählbild 21

Bei den Abzählbildern geben die grauen Zahlen die Anzahl der Felder an, die du **nicht** ausmalen sollst. Die schwarzen Zahlen geben die Anzahl der Felder an, die du ausmalen sollst.
Beispiel: 1 2 4 1 bedeutet: Du malst das erste Kästchen aus, lässt zwei Kästchen frei, malst vier Kästchen aus und lässt wieder eins frei.
Alles klar? Dann geht's jetzt los!

3 1 5 1 3													
3 2 3 2 3													
3 1 1 1 1 1 1 1 3													
4 2 1 2 4													
1 1 2 1 3 1 2 1 1													
2 1 2 1 1 1 2 1 2													
3 1 2 1 2 1 3													
2 1 2 1 1 1 2 1 2													
1 1 2 1 3 1 2 1 1													
4 2 1 2 4													
3 1 1 1 1 1 1 1 3													
3 2 3 2 3													
3 1 5 1 3													

Buchstabengeschwister 1

Male ein Feld nur dann mit Buntstift aus, wenn du darin einen kleinen Buchstaben mit seinem passenden großen Bruder entdeckst, zum Beispiel „A/a“!

D/s	K/a	L/u	B/t	F/f	H/h	R/e	N/z	G/v	O/p
A/w	C/x	Y/b	J/j	M/m	Q/q	K/k	O/s	T/e	D/t
M/i	F/b	V/w	M/p	C/c	S/s	R/a	N/g	E/v	S/k
T/b	A/p	B/b	U/u	A/a	I/i	G/g	N/n	K/g	S/f
H/u	D/d	M/d	E/e	O/o	P/p	R/r	F/w	T/t	M/h
V/v	U/z	I/f	X/x	W/w	Z/z	Y/y	M/k	R/h	P/p
H/k	F/i	N/o	I/i	Z/z	R/r	Q/q	F/b	N/d	M/k
P/o	I/n	L/d	G/g	D/d	B/b	E/e	B/u	A/l	K/a
N/p	A/q	G/z	N/n	S/t	T/r	V/v	W/s	P/f	R/w
S/l	B/s	F/t	A/a	D/s	S/w	U/u	M/x	S/g	N/g
S/t	V/y	B/f	M/m	L/b	G/h	C/c	A/e	F/l	I/u
A/b	H/a	D/d	X/x	O/a	Y/e	V/v	N/n	G/h	S/b

Abzählbild 22

Bei den Abzählbildern geben die grauen Zahlen die Anzahl der Felder an, die du **nicht** ausmalen sollst. Die schwarzen Zahlen geben die Anzahl der Felder an, die du ausmalen sollst.
Beispiel: 1 2 4 1 bedeutet: Du malst das erste Kästchen aus, lässt zwei Kästchen frei, malst vier Kästchen aus und lässt wieder eins frei.
Alles klar? Dann geht's jetzt los!

2 1 1 1 4									
1 1 1 2 4									
4 1 4									
4 1 4									
3 3 3									
2 5 2									
1 7 1									
9									
1 1 5 1 1									
1 1 2 1 2 1 1									
1 1 1 1 1 1 1 1 1									
1 1 1 1 1 1 1 1 1									
1 1 1 3 1 1 1									
1 1 5 1 1									
1 1 2 1 2 1 1									
1 1 1 1 1 1 1 1 1									
1 1 1 1 1 1 1 1 1									
1 1 1 3 1 1 1									
1 1 5 1 1									

Buchstabengeschwister 2

Male ein Feld nur dann mit Buntstift aus, wenn du darin einen kleinen Buchstaben mit seinem passenden großen Bruder entdeckst, zum Beispiel „A/a"!

B/o	H/x	L/z	K/a	D/d	R/t	Z/u	P/p	L/n	B/v	X/e	T/r
S/c	E/e	V/b	N/n	A/a	T/t	F/f	H/h	D/d	H/g	C/c	Y/a
U/r	F/d	G/g	O/o	L/k	O/i	U/z	N/i	U/u	X/x	L/e	A/d
W/i	V/v	A/a	C/b	N/m	T/i	Z/e	K/b	N/u	L/l	K/k	Q/i
Y/y	I/i	O/e	Z/z	R/v	E/u	X/i	J/d	S/s	A/o	E/e	F/f
I/t	N/n	M/o	E/w	R/c	B/b	L/l	K/p	H/a	G/c	B/b	R/z
U/t	A/a	D/c	F/v	B/h	O/n	U/n	Q/a	H/i	K/j	O/o	D/s
Z/z	Y/y	N/y	H/z	G/g	Z/h	J/u	K/k	M/j	R/u	T/t	F/f
O/p	H/h	U/u	I/z	Z/y	C/c	D/d	M/d	B/r	F/f	H/h	M/f
L/e	E/t	Q/q	S/s	T/s	U/i	I/k	O/e	I/i	J/j	T/f	G/b
G/v	N/n	M/e	C/c	B/b	R/r	A/a	U/u	H/h	E/m	V/v	B/c
F/x	M/p	A/b	R/p	E/e	M/h	F/m	Z/z	B/m	S/f	Z/s	L/r

Abzählbild 23

Bei den Abzählbildern geben die grauen Zahlen die Anzahl der Felder an, die du **nicht** ausmalen sollst. Die schwarzen Zahlen geben die Anzahl der Felder an, die du ausmalen sollst.
Beispiel: 1 2 4 1 bedeutet: Du malst das erste Kästchen aus, lässt zwei Kästchen frei, malst vier Kästchen aus und lässt wieder eins frei.
Alles klar? Dann geht's jetzt los!

2 4 3 3
1 1 3 6 1
1 1 4 3 2 1
1 2 3 3 2 1
1 1 1 1 3 1 3 1
1 1 2 7 1
1 1 5 1 4
1 1 5 1 4
1 1 5 1 4
6 3 3
6 1 1 1 3
5 1 3 1 2
5 1 3 1 2
5 1 3 1 2
4 2 3 2 1

Buchstabengeschwister 3

Male ein Feld nur dann mit Buntstift aus, wenn du darin einen kleinen Buchstaben mit seinem passenden großen Bruder entdeckst, zum Beispiel „A/a“!

R/x	T/s	F/m	A/g	L/h	S/s	E/e	C/c	V/d	F/e	M/n	R/h
Z/a	L/e	V/f	X/y	G/k	O/o	B/b	D/t	J/p	Q/c	Y/v	G/d
I/u	S/a	E/e	R/r	C/c	W/w	K/k	D/d	I/i	U/u	V/u	T/z
R/t	V/v	Z/z	Y/x	Y/y	X/x	F/f	Q/q	N/m	N/n	H/h	Ä/ö
M/m	D/d	B/g	W/v	G/a	A/a	J/j	K/f	O/z	D/i	T/t	Ü/ü
R/r	S/s	E/e	R/a	U/u	G/g	F/f	Ä/ä	U/n	I/i	P/p	H/h
O/o	V/v	K/k	D/d	R/r	P/s	F/d	W/w	T/t	J/j	A/a	V/v
Z/z	T/t	R/r	E/e	Q/q	H/u	K/a	Ö/ö	K/k	H/h	G/g	F/f
D/d	S/s	A/a	Y/y	X/x	C/c	V/v	B/b	N/n	M/m	Q/q	Ü/ü
J/j	F/f	R/t	W/w	A/b	P/p	M/p	U/u	U/s	B/b	S/s	G/g
C/b	X/x	T/t	T/x	V/v	V/a	E/e	K/a	I/i	F/l	D/d	T/n
K/t	A/z	N/n	U/u	W/w	O/o	P/p	R/r	G/g	H/h	G/a	N/y

Abzählbild 24

Bei den Abzählbildern geben die grauen Zahlen die Anzahl der Felder an, die du **nicht** ausmalen sollst. Die schwarzen Zahlen geben die Anzahl der Felder an, die du ausmalen sollst.
Beispiel: 1 2 4 1 bedeutet: Du malst das erste Kästchen aus, lässt zwei Kästchen frei, malst vier Kästchen aus und lässt wieder eins frei.
Alles klar? Dann geht's jetzt los!

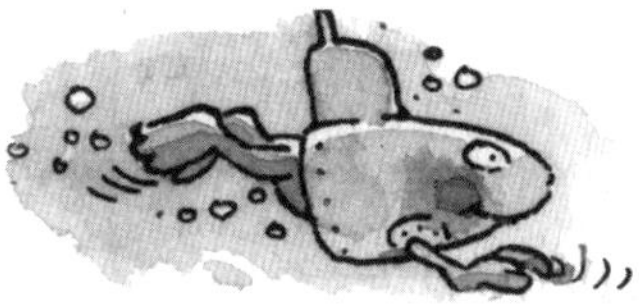

4 2 9															
6 1 8															
6 1 8															
6 1 8															
6 1 8															
3 9 3															
2 11 1 1															
1 3 1 1 1 1 1 1 1 2 1 1															
4 1 1 1 1 1 1 1 4															
13 1 1															
1 12 1 1															
2 10 3															

Wörter-Malspiel 1

In jeder Reihe sind ein oder mehrere sinnvolle Wörter versteckt. Wenn du diese Kästchen mit einem Buntstift ausmalst, entsteht das Zauberbild.

G	F	K	H	A	U	S	X	W	H
F	V	K	A	T	Z	E	N	R	S
T	S	C	H	L	A	N	G	E	B
E	R	D	E	G	Y	R	E	I	S
M	O	N	D	S	F	A	U	T	O
E	R	D	B	E	E	R	E	I	S
Z	U	F	D	W	O	V	J	D	A
E	I	T	H	A	N	R	W	S	O
E	R	W	V	D	U	Y	X	A	M
K	A	R	T	O	F	F	E	L	N
C	H	R	I	S	T	B	A	U	M

Abzählbild 25

Bei den Abzählbildern geben die grauen Zahlen die Anzahl der Felder an, die du **nicht** ausmalen sollst. Die schwarzen Zahlen geben die Anzahl der Felder an, die du ausmalen sollst.
Beispiel: 1 2 4 1 bedeutet: Du malst das erste Kästchen aus, lässt zwei Kästchen frei, malst vier Kästchen aus und lässt wieder eins frei.
Alles klar? Dann geht's jetzt los!

5 **2** 3 **2** 1													
2 **2** 1 **2** 3 **2** 1													
2 **2** 1 **2** 2 **2** 2													
1 1 **2** 1 **2** 2 **2** 2													
1 1 **2** 1 **2** 1 **2** 3													
1 1 **2** 1 **2** 1 **2** 3													
1 8 **1** 2 **1**													
1 2 **6** 2 **2**													
1 **9** 1 **2**													
1 **9** 1 **2**													
1 **12**													
1 **11** 1													
2 **9** 2													
2 **8** 3													
3 **6** 4													

Wörter-Malspiel 2

In jeder Reihe ist nur ein sinnvolles Wort versteckt. Wenn du diese Kästchen mit einem Buntstift ausmalst, entsteht das Zauberbild.

X	Y	V	Q	X	E	I	V	P	D	W	L
M	P	D	G	Y	A	M	X	S	A	Q	A
H	Ü	V	L	H	A	S	E	X	N	T	I
T	F	A	S	B	I	L	D	Y	K	Ö	Z
C	G	H	W	I	N	T	E	R	L	J	F
E	G	C	E	S	K	I	M	O	C	T	Z
L	X	K	R	O	K	O	D	I	L	V	D
A	Ö	C	O	M	P	U	T	E	R	B	G
E	L	U	F	T	B	A	L	L	O	N	T
Z	I	T	R	O	N	E	N	S	A	F	T
B	R	Z	G	L	W	O	H	C	S	G	N
T	L	V	Ü	X	E	S	G	Ü	C	B	F

Abzählbild 26

Bei den Abzählbildern geben die grauen Zahlen die Anzahl der Felder an, die du **nicht** ausmalen sollst. Die schwarzen Zahlen geben die Anzahl der Felder an, die du ausmalen sollst.
Beispiel: 1 2 4 1 bedeutet: Du malst das erste Kästchen aus, lässt zwei Kästchen frei, malst vier Kästchen aus und lässt wieder eins frei.
Alles klar? Dann geht's jetzt los!

7 **1** 7															
5 **1** 1 **1** 1 **1** 5															
3 **1** 1 **1** 1 **1** 1 **1** 2 **1** 2															
3 **1** 1 **1** 1 **1** 1 **1** 2 **1** 1 **1**															
3 **1** 1 **5** 1 **1** 2 **1**															
4 **8** 1 **1** 1															
3 **1** 2 **7** 2															
2 **1** 1 **1** 1 **9**															
1 1 **1** 3 **8** 1															
2 2 **1** 1 **9**															
1 **12** 2															
4 **1** 1 **3** 2 **1** 3															
3 **2** 5 **2** 3															

Wörter-Malspiel 3

In jeder Reihe sind ein oder mehrere sinnvolle Wörter versteckt. Wenn du diese Kästchen mit einem Buntstift ausmalst, entsteht das Zauberbild.

G	F	L	P	H	E	I	F	K	S	W	Q
E	G	R	O	H	U	N	D	P	M	L	U
O	R	D	H	E	R	B	S	T	F	P	W
S	W	K	R	O	K	O	D	I	L	F	R
X	B	A	L	L	Y	V	S	O	F	A	Q
K	A	M	E	L	J	C	F	I	S	C	H
E	R	D	B	E	E	R	M	I	L	C	H
B	U	S	X	Y	A	M	Z	W	R	A	D
E	I	S	M	V	W	O	F	Q	R	E	H
B	A	D	Z	C	E	R	J	Y	K	L	O
Z	W	I	E	B	E	L	S	U	P	P	E
T	A	S	C	H	E	N	L	A	M	P	E

Abzählbild 27

Bei den Abzählbildern geben die grauen Zahlen die Anzahl der Felder an, die du **nicht** ausmalen sollst. Die schwarzen Zahlen geben die Anzahl der Felder an, die du ausmalen sollst.
Beispiel: 1 2 4 1 bedeutet: Du malst das erste Kästchen aus, lässt zwei Kästchen frei, malst vier Kästchen aus und lässt wieder eins frei.
Alles klar? Dann geht's jetzt los!

6 5 9																				
5 1 3 2 9																				
4 1 4 11																				
4 1 4 2 2 1 2 1 2 1																				
4 1 4 2 2 1 2 1 2 1																				
2 18																				
1 2 16 1																				
2 17 1																				
1 19																				
3 1 2 1 6 1 2 1 3																				
4 2 8 2 4																				

Wörter-Malspiel 4

In jeder Reihe sind ein oder mehrere sinnvolle Wörter versteckt. Wenn du diese Kästchen mit einem Buntstift ausmalst, entsteht das Zauberbild.

G	W	K	L	R	F	R	A	D	H	W	U
A	O	X	K	N	Z	U	Y	I	G	D	M
R	T	D	E	Z	E	M	B	E	R	F	L
W	W	O	H	N	Z	I	M	M	E	R	T
Z	U	G	X	Q	E	L	E	F	A	N	T
W	O	D	P	J	P	A	P	A	G	E	I
I	N	F	L	N	I	L	P	F	E	R	D
T	A	G	L	G	E	W	I	T	T	E	R
H	I	R	S	C	H	G	E	W	E	I	H
R	H	A	N	D	T	A	S	C	H	E	P
B	D	A	U	T	O	B	A	H	N	H	D
T	G	Q	K	U	C	H	E	N	F	L	R

Abzählbild 28

Bei den Abzählbildern geben die grauen Zahlen die Anzahl der Felder an, die du **nicht** ausmalen sollst. Die schwarzen Zahlen geben die Anzahl der Felder an, die du ausmalen sollst.
Beispiel: 1 2 4 1 bedeutet: Du malst das erste Kästchen aus, lässt zwei Kästchen frei, malst vier Kästchen aus und lässt wieder eins frei.
Alles klar? Dann geht's jetzt los!

2 1 7 1 2
1 1 9 1 1
2 9 2
3 7 3
1 3 1 3 1 3 1
1 4 3 4 1
2 2 5 2 2
2 1 7 1 2
2 1 1 2 1 2 1 1 2
2 1 1 2 1 2 1 1 2
2 1 7 1 2
3 1 5 1 3
3 1 5 1 3
3 1 1 1 1 1 1 1 3
3 1 5 1 3
4 1 3 1 4
5 3 5

Wörter-Malspiel 5

In jeder Reihe sind ein oder mehrere sinnvolle Wörter versteckt. Wenn du diese Kästchen mit einem Buntstift ausmalst, entsteht das Zauberbild.

G	Y	E	I	S	P	Q	X	A	C	H	T	R	V	F	E
U	E	R	D	B	E	E	R	T	O	R	T	E	G	B	C
D	A	Q	S	I	Z	E	H	N	V	U	X	P	W	E	A
T	Ö	C	L	O	K	O	M	O	T	I	V	E	O	A	I
J	K	F	Ü	N	F	R	J	A	Q	O	T	A	L	C	F
R	M	I	T	Y	E	R	E	L	F	Z	E	A	S	T	Z
A	R	M	L	R	T	H	B	D	A	H	F	E	U	J	G
Ö	K	Ü	V	C	G	F	Q	O	H	R	U	E	W	H	C
T	Ä	P	K	L	H	N	X	A	I	C	H	Ä	P	K	Ö
E	Z	R	B	X	V	W	G	I	R	A	F	F	E	P	R
M	K	L	U	K	Ü	H	L	S	C	H	R	A	N	K	X
U	E	V	W	A	S	C	H	M	A	S	C	H	I	N	E

Abzählbild 29

Bei den Abzählbildern geben die grauen Zahlen die Anzahl der Felder an, die du **nicht** ausmalen sollst. Die schwarzen Zahlen geben die Anzahl der Felder an, die du ausmalen sollst.
Beispiel: 1 2 4 1 bedeutet: Du malst das erste Kästchen aus, lässt zwei Kästchen frei, malst vier Kästchen aus und lässt wieder eins frei.
Alles klar? Dann geht's jetzt los!

5 5 5
4 7 4
3 2 2 5 3
2 2 4 5 2
1 2 2 2 2 5 1
3 1 4 1 6
3 2 2 2 1 1 4
2 1 6 1 3 1 1
6 3 1 3 1 1
2 1 6 1 1 3 1
2 10 3
6 3 6
6 3 6
6 3 6
6 3 6

Wörter-Malspiel 6

In jeder Reihe sind ein oder mehrere sinnvolle Wörter versteckt. Wenn du die Kästchen, die **nicht** zu den Wörtern gehören, mit einem Buntstift ausmalst, entsteht das Zauberbild.

D	R	T	X	E	I	S	J	T	K	L
I	H	F	D	H	U	T	M	N	D	V
S	X	K	M	Ü	T	Z	E	O	D	G
N	S	C	Y	A	R	M	U	G	F	A
X	V	I	W	B	Ä	R	H	C	D	T
I	D	K	S	C	H	A	L	G	H	V
W	I	N	T	E	R	M	O	N	A	T
K	Ä	L	T	E	X	K	N	O	P	F
H	O	D	W	O	L	K	E	D	S	R
M	G	D	K	U	G	E	L	S	V	L
J	U	R	E	H	B	P	O	L	X	C
A	E	I	S	Z	A	P	F	E	N	K
W	I	N	T	E	R	J	A	C	K	E
S	O	N	N	E	D	G	L	Ü	C	K
S	K	I	S	P	R	I	N	G	E	N
W	E	I	H	N	A	C	H	T	E	N
B	A	U	C	H	S	B	R	E	T	T
S	C	H	N	E	E	B	E	S	E	N
K	N	E	U	S	C	H	N	E	E	G
X	Y	J	A	G	R	L	E	S	F	T

Abzählbild 30

Bei den Abzählbildern geben die grauen Zahlen die Anzahl der Felder an, die du **nicht** ausmalen sollst. Die schwarzen Zahlen geben die Anzahl der Felder an, die du ausmalen sollst.
Beispiel: 1 2 4 1 bedeutet: Du malst das erste Kästchen aus, lässt zwei Kästchen frei, malst vier Kästchen aus und lässt wieder eins frei.
Alles klar? Dann geht’s jetzt los!

5 4 10																			
4 12 3																			
3 14 2																			
3 1 1 13 1																			
3 16																			
1 2 16																			
1 4 1 13																			
3 1 2 13																			
3 1 3 10 1 1																			
3 2 2 2 6 2 1 1																			
7 2 6 2 2																			
6 3 5 3 2																			

Wörter-Malspiel 7

In jeder Reihe sind ein oder mehrere sinnvolle Wörter versteckt. Wenn du diese Kästchen mit einem Buntstift ausmalst, entsteht das Zauberbild.

W	U	Z	G	L	B	X	D	A	Z	S	O	K	G	A
S	C	H	V	I	R	S	T	E	R	N	A	Q	Z	Y
B	T	I	G	W	R	O	T	F	I	Y	W	V	C	V
A	E	Z	Y	Ö	L	V	Z	U	Q	E	C	M	D	Ü
Ö	Y	C	B	U	S	R	T	Ü	R	N	I	P	P	L
G	R	H	A	S	E	X	M	O	N	D	Y	X	Ä	E
I	A	P	F	E	L	J	F	U	C	H	S	K	Z	W
H	E	R	B	S	T	Ö	W	I	N	T	E	R	Ä	Y
S	O	M	M	E	R	Ü	T	E	L	E	F	O	N	J
Q	Ü	Z	C	X	M	O	N	A	T	Ä	C	Q	E	R
C	H	R	I	S	T	B	A	U	M	K	E	R	Z	E
T	I	S	C	H	T	E	N	N	I	S	B	A	L	L
F	M	E	I	S	T	E	R	S	C	H	A	F	T	X
Ü	Z	D	E	U	T	S	C	H	L	A	N	D	F	Y
K	N	M	F	L	U	G	H	A	F	E	N	X	V	F

Abzählbild 31

Bei den Abzählbildern geben die grauen Zahlen die Anzahl der Felder an, die du **nicht** ausmalen sollst. Die schwarzen Zahlen geben die Anzahl der Felder an, die du ausmalen sollst.
Beispiel: 1 2 4 1 bedeutet: Du malst das erste Kästchen aus, lässt zwei Kästchen frei, malst vier Kästchen aus und lässt wieder eins frei.
Alles klar? Dann geht's jetzt los!

6 3 3												
6 3 3												
5 5 2												
2 4 1 1 1 3												
1 1 4 1 1 1 3												
1 2 4 1 4												
1 1 1 2 2 1 4												
1 1 2 6 2												
1 1 5 1 1 2 1												
1 1 5 1 2 1 1												
1 1 5 1 2 1 1												
1 1 4 2 2 2												
1 1 3 1 1 1 3 1												
4 1 2 1 4												
3 1 3 2 3												
3 1 4 1 3												
1 3 4 1 3												
3 1 4 1 3												
6 3 3												

Das Namenwort-Ausmalbild

Male nur die Felder aus, in denen du ein Namenwort (Nomen) lesen kannst!

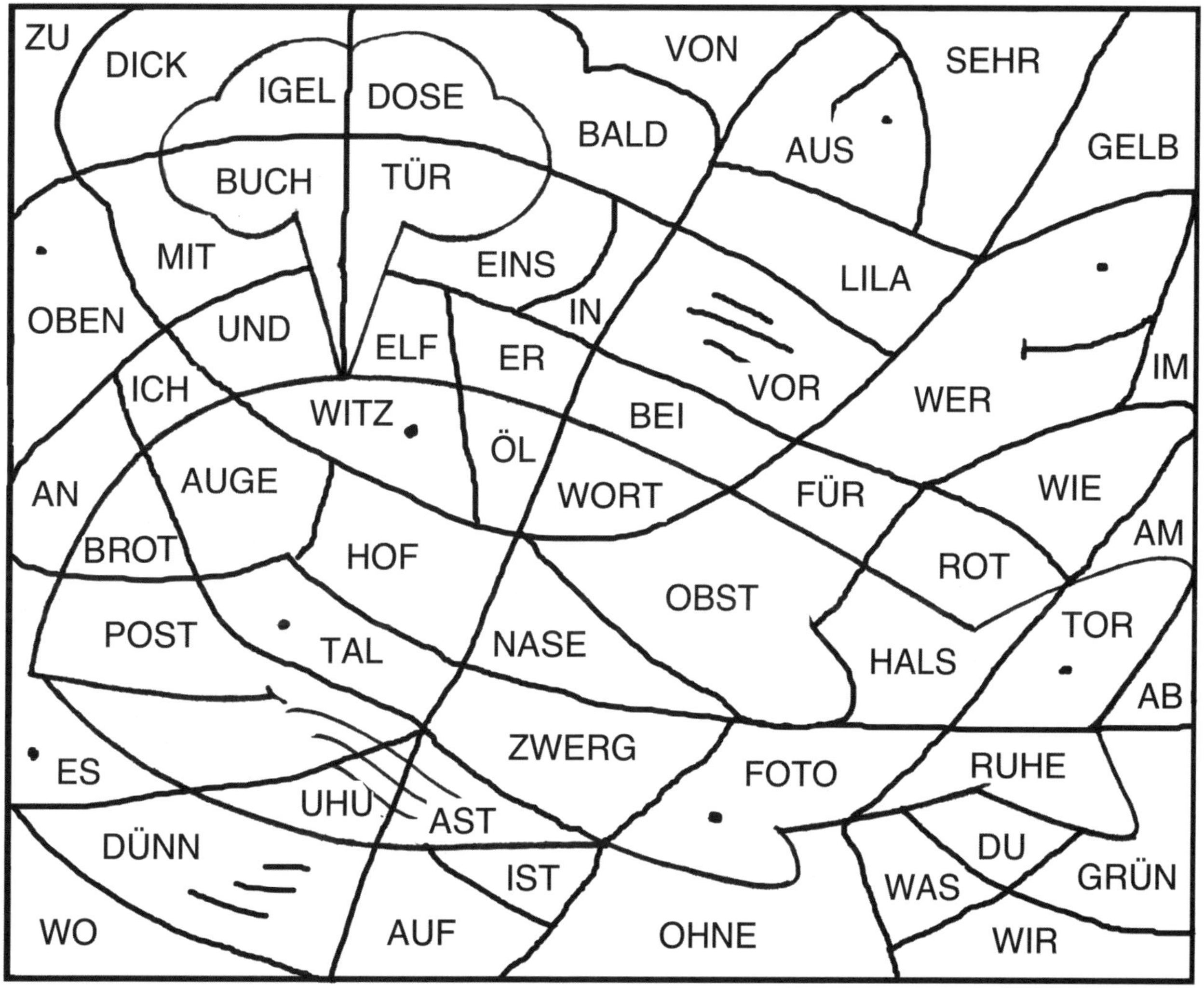

Abzählbild 32

Bei den Abzählbildern geben die grauen Zahlen die Anzahl der Felder an, die du **nicht** ausmalen sollst. Die schwarzen Zahlen geben die Anzahl der Felder an, die du ausmalen sollst.
Beispiel: 1 2 4 1 bedeutet: Du malst das erste Kästchen aus, lässt zwei Kästchen frei, malst vier Kästchen aus und lässt wieder eins frei.
Alles klar? Dann geht's jetzt los!

5 2 5
3 6 3
3 6 3
4 1 2 1 4
4 4 4
4 4 4
4 1 2 1 4
3 1 4 1 3
2 1 6 1 2
1 1 8 1 1
1 10 1
1 1 8 1 1
1 1 1 3 1 1 2 1 1
1 1 2 1 2 2 1 1 1
1 1 8 1 1
1 10 1
1 10 1
1 10 1
1 10 1
1 10 1

Das Tiernamen-Ausmalbild

Male nur die Felder aus, in denen du einen Tiernnamen lesen kannst!

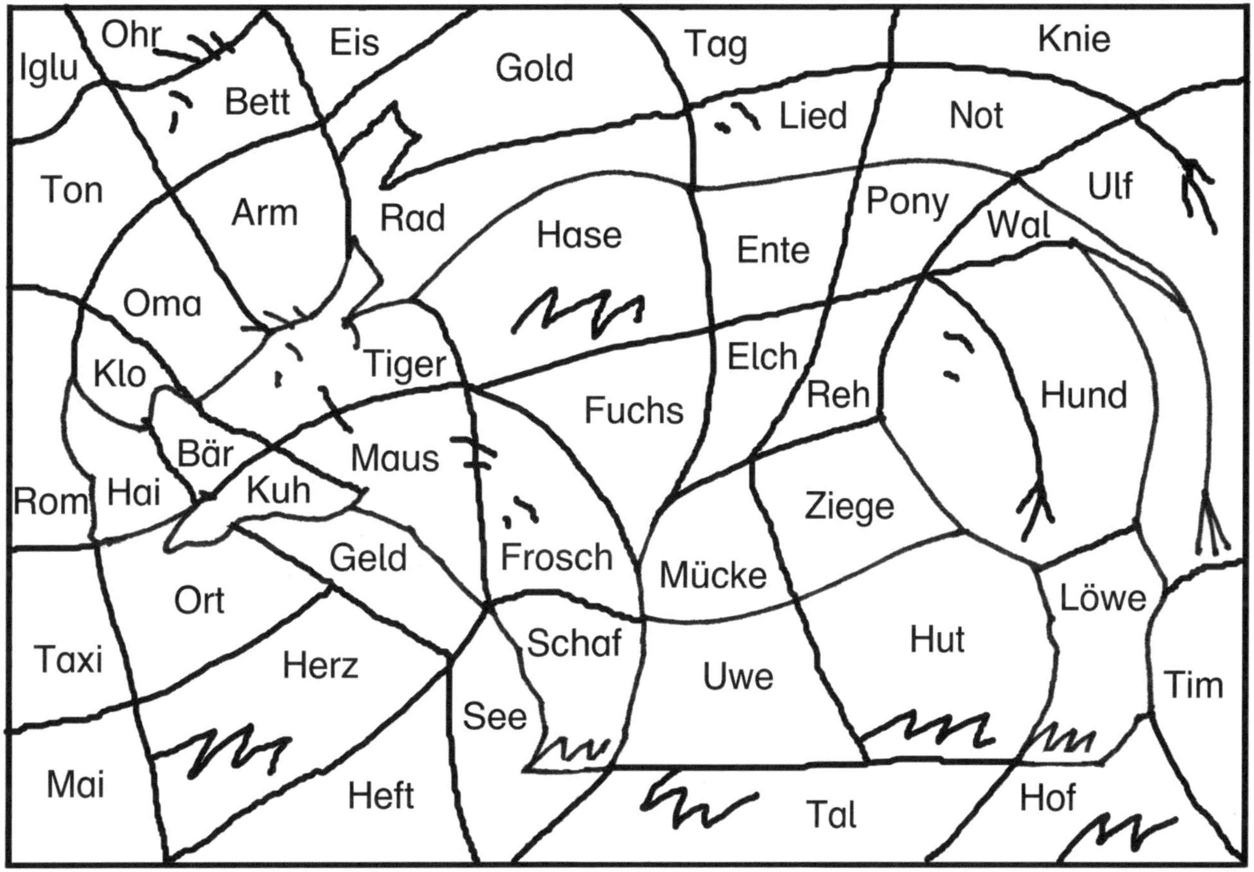

Abzählbild 33

Bei den Abzählbildern geben die grauen Zahlen die Anzahl der Felder an, die du **nicht** ausmalen sollst. Die schwarzen Zahlen geben die Anzahl der Felder an, die du ausmalen sollst.
Beispiel: **1** 2 **4** 1 bedeutet: Du malst das erste Kästchen aus, lässt zwei Kästchen frei, malst vier Kästchen aus und lässt wieder eins frei.
Alles klar? Dann geht's jetzt los!

18 **1** 1
19 **1**
9 **3** 6 **1** 1
8 **1** 3 **1** 5 **1** 1
5 **3** 4 **1** 1 **3** 2 **1**
4 **1** 6 **1** 1 **1** 3 **1** 1 **1**
1 **1** 1 **1** 2 **1** 2 **2** 7 **2**
3 16 **1**
1 **2** 1 **1** 3 **3** 8 **1**
3 **5** 1 **3** 3 **4** 1
9 **2** 1 **3** 2 **2** 1
8 **3** 5 **3** 1

Zahlwörterbild 1 – Charlys Schulweg

Charly Frosch geht gerne zur Schule. Sein Schulweg führt aber durch den gefährlichen Krokodilsumpf und Charly muss ganz genau aufpassen, wie der Weg verläuft. Du kannst ihm helfen, wenn du die Felder mit diesen Zahlen ausmalst:

1	2	3	4	5	6	7	8	9	10
11	12	13	14	15	16	17	18	19	20
21	22	23	24	25	26	27	28	29	30
31	32	33	34	35	36	37	38	39	40
41	42	43	44	45	46	47	48	49	50
51	52	53	54	55	56	57	58	59	60
61	62	63	64	65	66	67	68	69	70
71	72	73	74	75	76	77	78	79	80
81	82	83	84	85	86	87	88	89	90
91	92	93	94	95	96	97	98	99	100

achtzehn
zwei
sechsundzwanzig
dreiundzwanzig
sechzehn
achtunddreißig
dreiunddreißig
dreiundsechzig
sechsunddreißig
achtundvierzig
fünfunddreißig
siebenundfünfzig
fünfundsechzig
sechsundfünfzig
fünfundfünfzig
achtundfünfzig
neunundsiebzig
vierundsechzig
dreiundsiebzig
dreiundachtzig
neunundneunzig

achtundsiebzig
siebenundachtzig
vierundachtzig
sechsundachtzig
eins
dreizehn
fünfundachtzig

einhundert
achtundzwanzig
vierunddreißig
drei
siebenundsiebzig
neunundachtzig
siebzehn

Abzählbild 34

Bei den Abzählbildern geben die grauen Zahlen die Anzahl der Felder an, die du **nicht** ausmalen sollst. Die schwarzen Zahlen geben die Anzahl der Felder an, die du ausmalen sollst.
Beispiel: 1 2 4 1 bedeutet: Du malst das erste Kästchen aus, lässt zwei Kästchen frei, malst vier Kästchen aus und lässt wieder eins frei.
Alles klar? Dann geht's jetzt los!

6 13 4
4 16 3
3 19 1
1 1 2 1 16 1 1
21 2
1 1 19 2
3 18 2
6 14 3
7 12 4
7 2 8 2 4
7 1 9 1 5

Zahlwörterbild 2 – Der Umzug

Charly Frosch zieht um. Wohin, das erkennst du, wenn du die Felder mit diesen Zahlen mit einem Buntstift ausmalst:

1	2	3	4	5	6	7	8	9	10
11	12	13	14	15	16	17	18	19	20
21	22	23	24	25	26	27	28	29	30
31	32	33	34	35	36	37	38	39	40
41	42	43	44	45	46	47	48	49	50
51	52	53	54	55	56	57	58	59	60
61	62	63	64	65	66	67	68	69	70
71	72	73	74	75	76	77	78	79	80
81	82	83	84	85	86	87	88	89	90
91	92	93	94	95	96	97	98	99	100

vierzehn
neunundachtzig
siebenundsechzig
achtundvierzig
zwanzig
neun
sechsundzwanzig
dreiundvierzig
zweiundzwanzig
drei
vierundneunzig
einundachtzig
dreiundsiebzig
fünfundsechzig
dreißig
zehn
achtzehn
elf
zweiundfünfzig
sechsundvierzig
fünfundzwanzig
siebenundneunzig
einundneunzig
siebenundfünfzig
fünfzig
achtundachtzig
fünfundsiebzig
vierundvierzig
vierundsiebzig
dreiundfünfzig

vier
zwölf
einunddreißig
sechsundfünfzig
einundsechzig
dreizehn
acht
sechzig
einhundert
dreiundneunzig
siebenundachtzig
neunundsiebzig

sechsunddreißig
neunzehn
vierundzwanzig
eins
einundsiebzig
fünfundneunzig
sechsundsechzig
vierzig
sieben
achtunddreißig
neunundneunzig
einundfünfzig

neunundsechzig
neunzig
zwei
dreiundzwanzig
achtzig
sechsundneunzig
siebenunddreißig
einundzwanzig
zweiundneunzig
sechs
achtundneunzig
siebzig

Abzählbild 35

Bei den Abzählbildern geben die grauen Zahlen die Anzahl der Felder an, die du **nicht** ausmalen sollst. Die schwarzen Zahlen geben die Anzahl der Felder an, die du ausmalen sollst.
Beispiel: **1** 2 **4** 1 bedeutet: Du malst das erste Kästchen aus, lässt zwei Kästchen frei, malst vier Kästchen aus und lässt wieder eins frei.
Alles klar? Dann geht's jetzt los!

2 **2** 7 **2** 2															
1 **1** 2 **1** 1 **3** 1 **1** 2 **1** 1															
2 2 **2** 3 **2** 2 **2**															
1 2 **1** 7 **1** 2 **1**															
1 1 **1** 1 **2** 3 **2** 1 **1** 1 **1**															
1 1 **1** 1 **2** 3 **2** 1 **1** 1 **1**															
1 1 **1** 1 **2** 3 **2** 1 **1** 1 **1**															
1 1 **1** 9 **1** 1 **1**															
1 1 **1** 3 **3** 3 **1** 1 **1**															
3 3 **3** 3 **3**															
2 **1** 4 **1** 4 **1** 2															
2 **1** 4 **1** 4 **1** 2															
2 **1** 1 **1** 2 **1** 2 **1** 1 **1** 2															
2 **1** 2 **2** 1 **2** 2 **1** 2															
2 **1** 9 **1** 2															
3 **1** 7 **1** 3															
4 **7** 4															

Das Eigenschaftswort-Ausmalbild

Male nur die Felder aus, in denen du ein Eigenschaftswort (Adjektiv) lesen kannst!

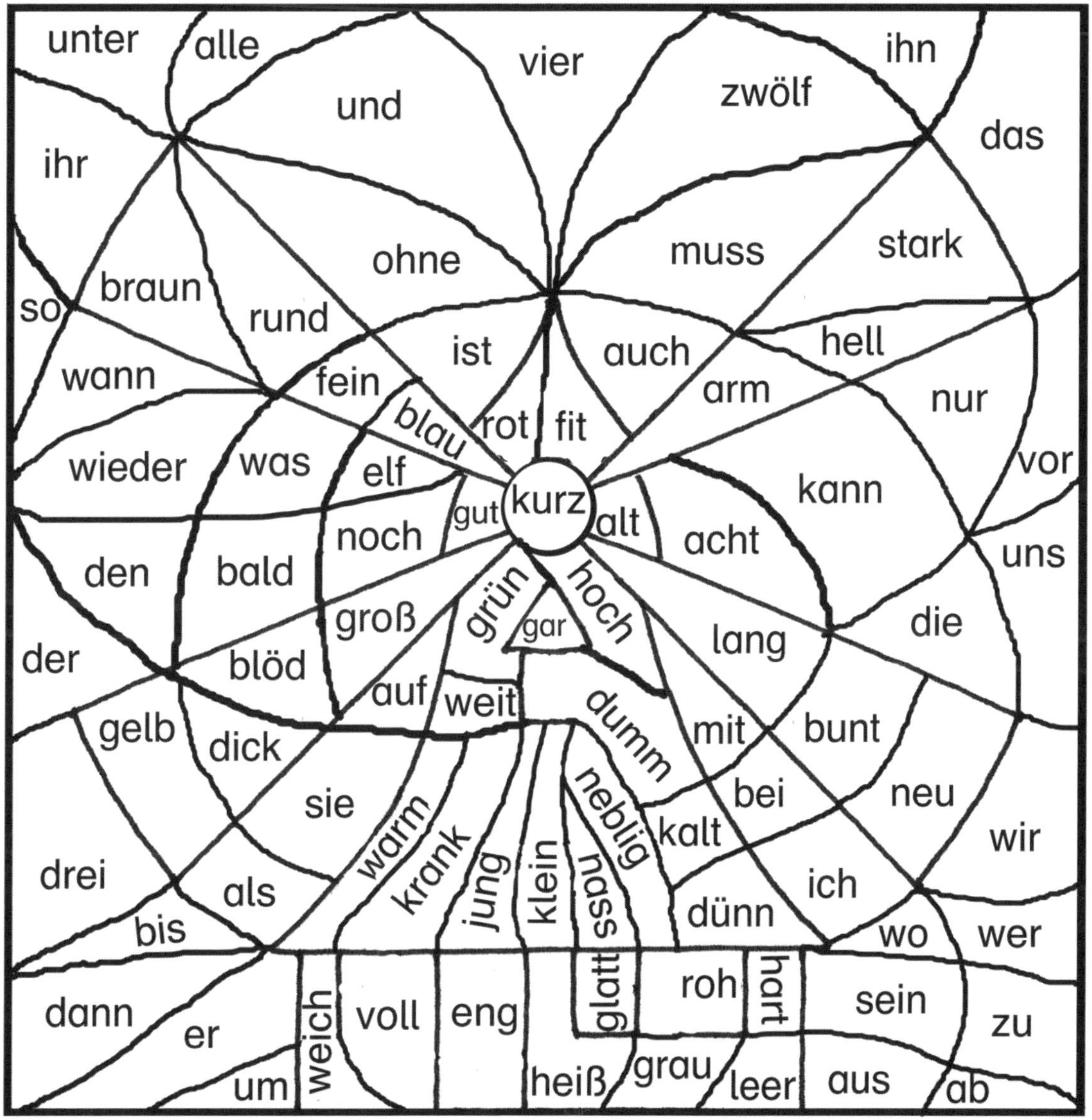

Abzählbild 36

Bei den Abzählbildern geben die grauen Zahlen die Anzahl der Felder an, die du **nicht** ausmalen sollst. Die schwarzen Zahlen geben die Anzahl der Felder an, die du ausmalen sollst.
Beispiel: 1 2 4 1 bedeutet: Du malst das erste Kästchen aus, lässt zwei Kästchen frei, malst vier Kästchen aus und lässt wieder eins frei.
Alles klar? Dann geht's jetzt los!

4 2 4 2 4																
3 1 2 1 2 1 2 1 3																
2 1 3 1 2 1 3 1 2																
2 1 3 1 2 1 3 1 2																
3 1 3 2 3 1 3																
4 2 1 2 1 2 4																
6 4 6																
7 2 7																
7 2 7																
7 2 7																
16																
16																
7 2 7																
7 2 7																
7 2 7																
7 2 7																

Das „der“-Ausmalbild

Male nur die Felder aus, in denen du ein Wort lesen kannst, zu dem der Begleiter „der“ gehört! Beispiel: der Tisch.

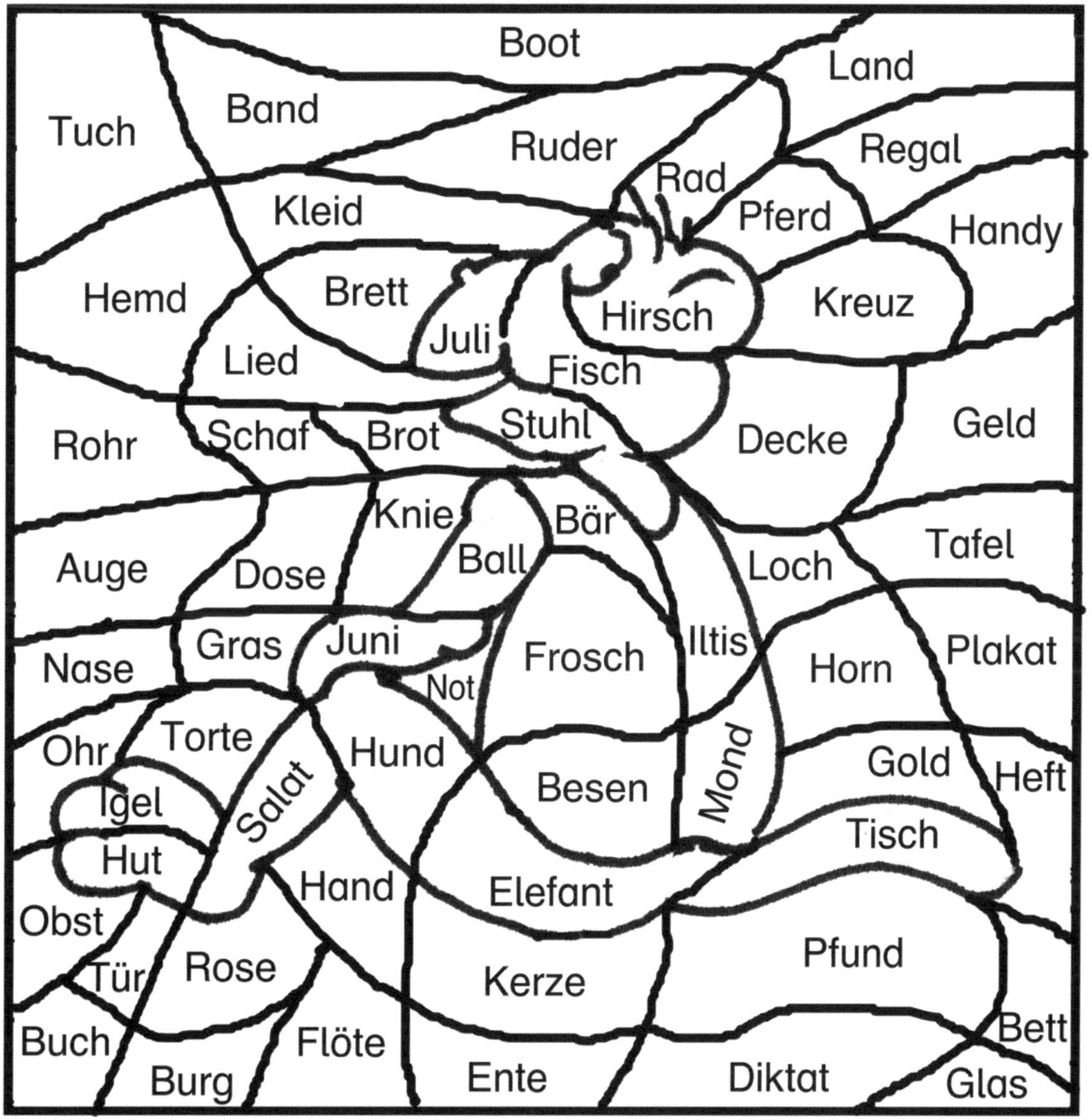

Abzählbild 37

Bei den Abzählbildern geben die grauen Zahlen die Anzahl der Felder an, die du **nicht** ausmalen sollst. Die schwarzen Zahlen geben die Anzahl der Felder an, die du ausmalen sollst.
Beispiel: 1 2 4 1 bedeutet: Du malst das erste Kästchen aus, lässt zwei Kästchen frei, malst vier Kästchen aus und lässt wieder eins frei.
Alles klar? Dann geht's jetzt los!

3 1 15																			
3 2 14																			
2 4 13																			
1 2 1 3 12																			
8 7 2 2																			
2 2 14 1																			
4 12 1 2																			
4 11 2 2																			
4 11 1 2 1																			
4 10 2 2 1																			
4 1 1 1 4 3 3 2																			
3 2 1 1 4 1 1 1 5																			
3 1 2 1 4 1 1 2 4																			
2 2 3 1 2 2 2 2 3																			

Das „die“-Ausmalbild

Male nur die Felder aus, in denen du ein Wort lesen kannst, zu dem der Begleiter „die“ gehört! Beispiel: die Post.

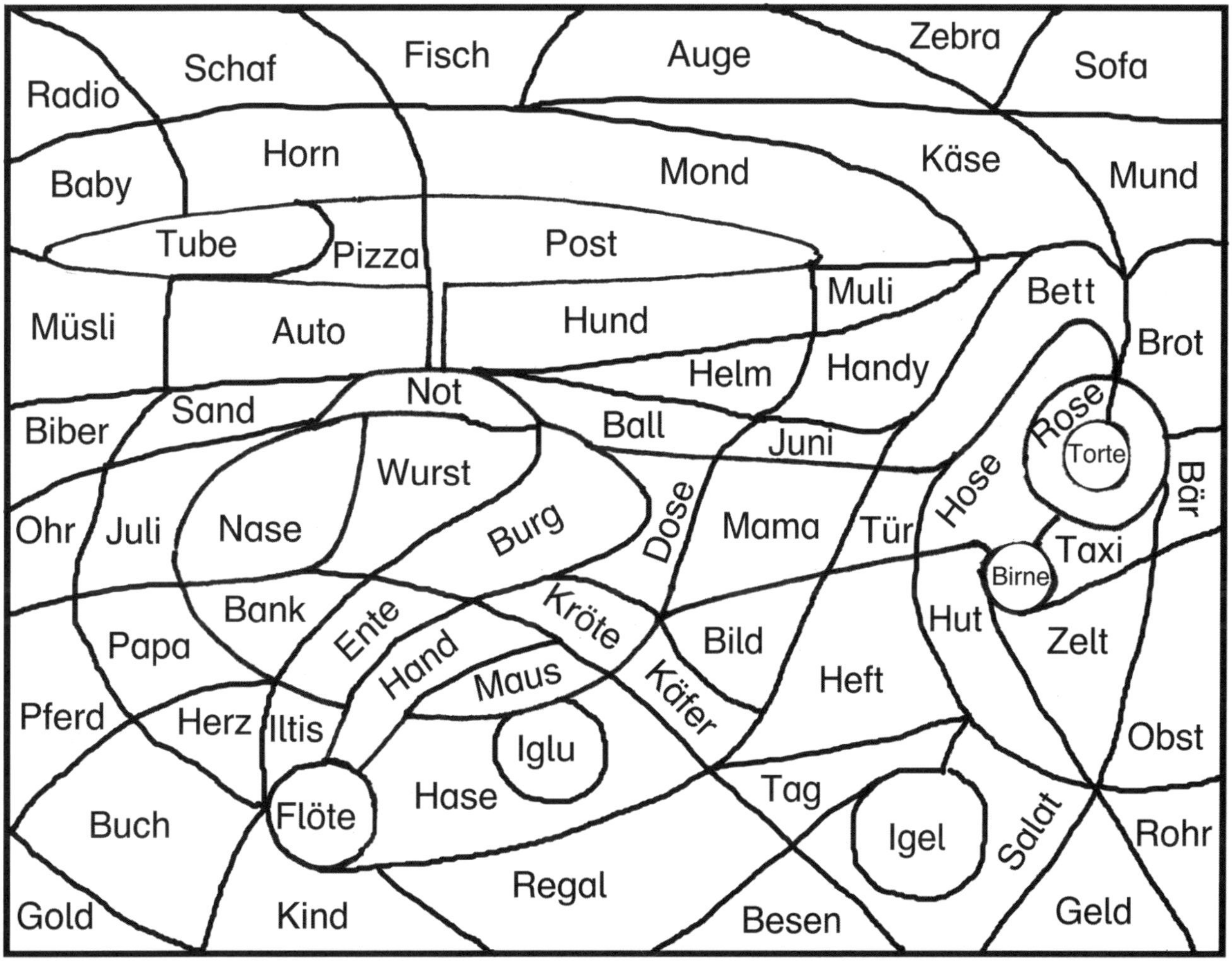

Abzählbild 38

Bei den Abzählbildern geben die grauen Zahlen die Anzahl der Felder an, die du **nicht** ausmalen sollst. Die schwarzen Zahlen geben die Anzahl der Felder an, die du ausmalen sollst.
Beispiel: 1 2 4 1 bedeutet: Du malst das erste Kästchen aus, lässt zwei Kästchen frei, malst vier Kästchen aus und lässt wieder eins frei.
Alles klar? Dann geht's jetzt los!

3 2 10 7 1																							
3 2 2 2 1 2 1 1 2 1 1 1 1 1 2																							
2 15 1 1 1 1 2																							
1 21 1																							
22 1																							
1 21 1																							
2 20 1																							
3 2 1 3 1 3 1 8 1																							
23																							
1 1 18 1 1 1																							
4 1 1 1 1 1 1 1 1 1 1 1 1 1 1 1 4																							
4 3 1 3 1 3 1 3 4																							

Das Eine-Silbe-Ausmalbild

Male nur die Felder mit einem Buntstift aus, in denen du ein einsilbiges Wort lesen kannst, z. B.: Haus, Bär, …

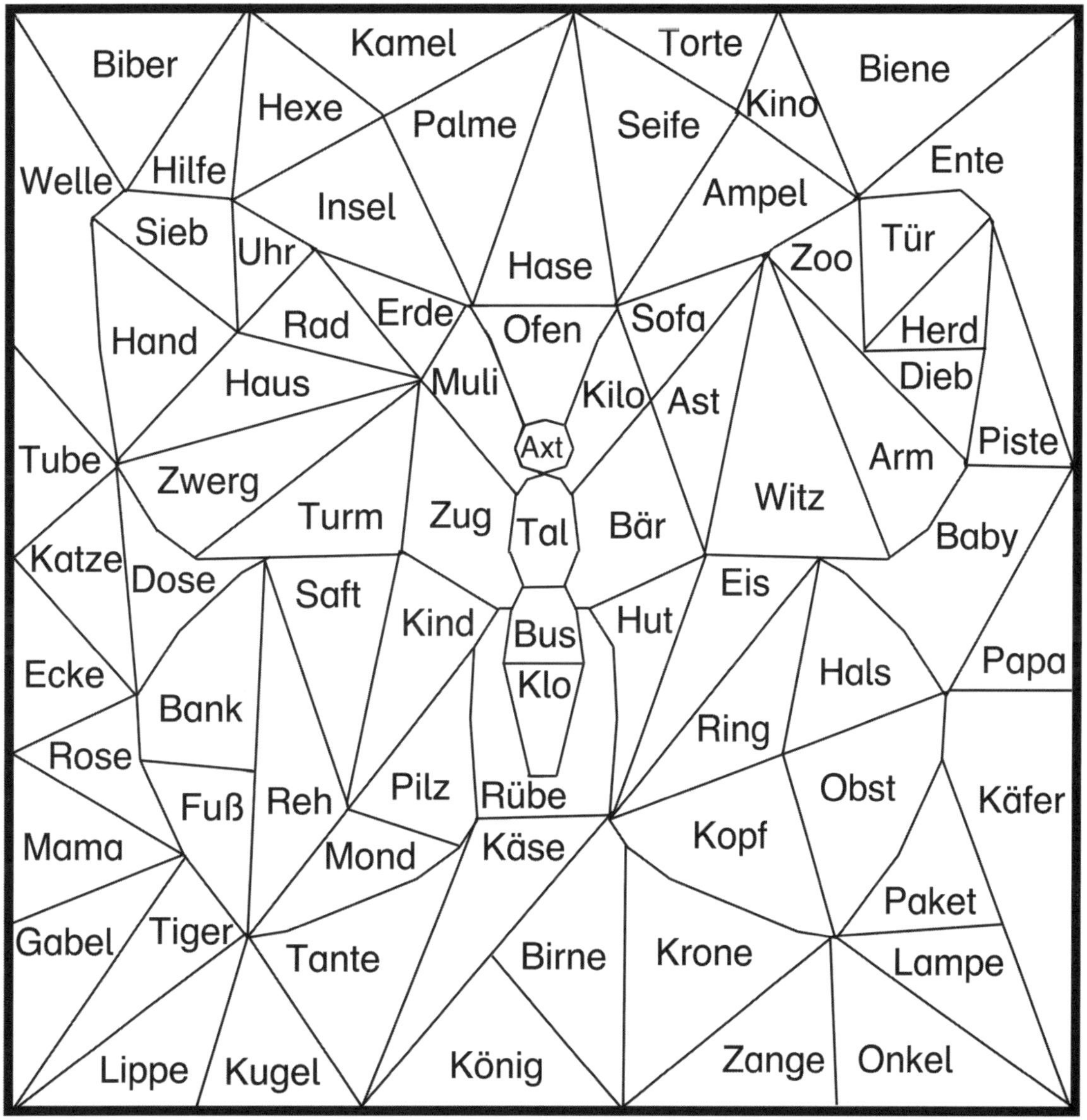

Abzählbild 39

Bei den Abzählbildern geben die grauen Zahlen die Anzahl der Felder an, die du **nicht** ausmalen sollst. Die schwarzen Zahlen geben die Anzahl der Felder an, die du ausmalen sollst.
Beispiel: 1 2 4 1 bedeutet: Du malst das erste Kästchen aus, lässt zwei Kästchen frei, malst vier Kästchen aus und lässt wieder eins frei.
Alles klar? Dann geht's jetzt los!

1 1 1 1 1 4 1 1 1 1 1 4 1 1 1 1 1
5 4 5 4 5
1 3 6 3 6 3 1
1 1 1 1 6 1 1 1 6 1 1 1 1
1 1 1 2 1 1 1 1 1 1 1 1 1 1 1 1 1 2 1 1 1
1 21 1
1 21 1
1 1 1 3 1 2 1 3 1 2 1 3 1 1 1
1 1 1 3 1 4 1 4 1 3 1 1 1
1 9 3 9 1
1 9 3 9 1
1 9 3 9 1

Das Zwei-Silben-Ausmalbild

Male nur die Felder aus, in denen du ein Wort lesen kannst, das aus zwei Silben besteht, z. B. „Ha-se“.

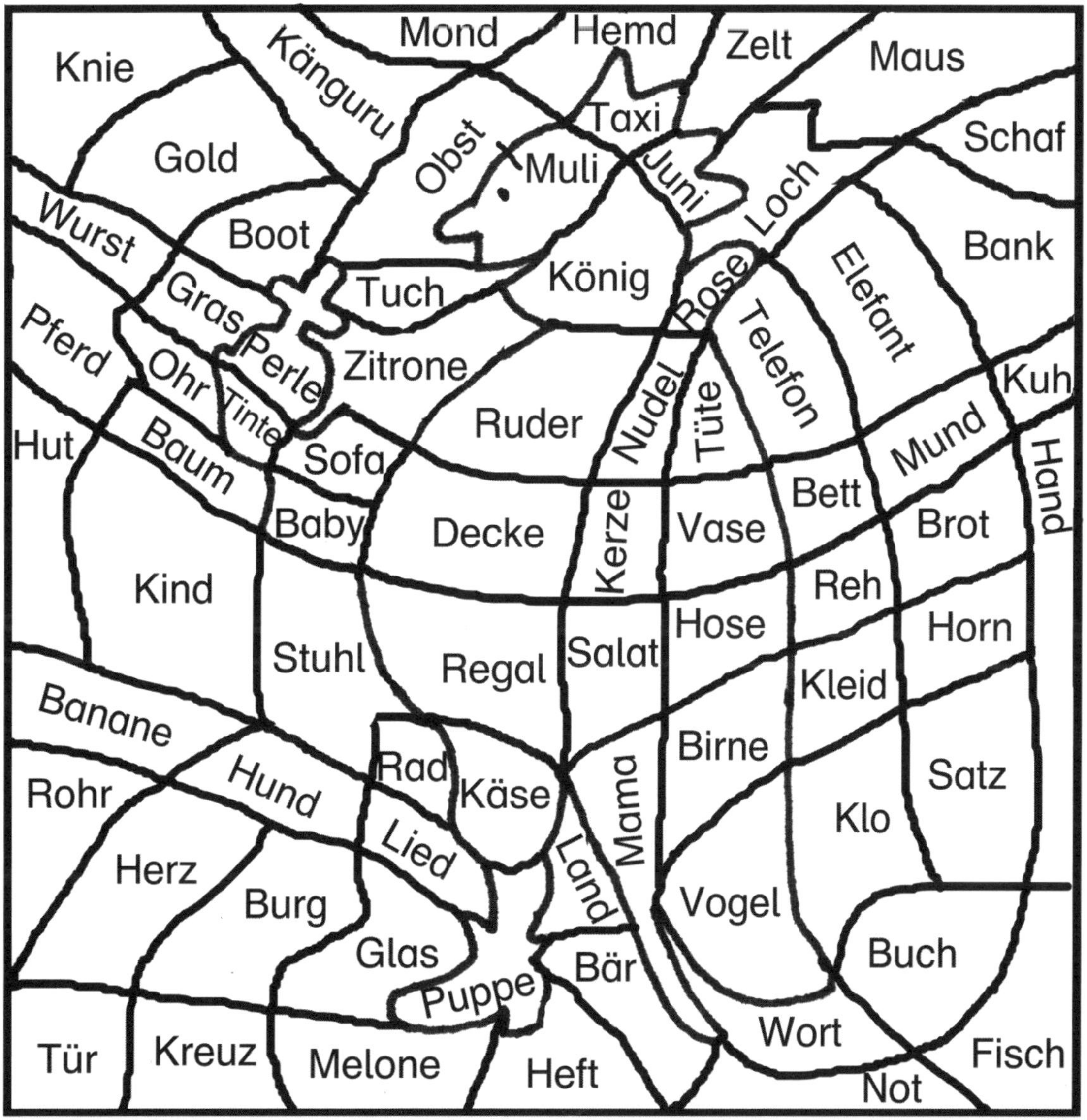

Abzählbild 40

Bei den Abzählbildern geben die grauen Zahlen die Anzahl der Felder an, die du **nicht** ausmalen sollst. Die schwarzen Zahlen geben die Anzahl der Felder an, die du ausmalen sollst.
Beispiel: 1 2 4 1 bedeutet: Du malst das erste Kästchen aus, lässt zwei Kästchen frei, malst vier Kästchen aus und lässt wieder eins frei.
Alles klar? Dann geht's jetzt los!

2 3 11 3 2
1 1 3 1 9 1 3 1 1
1 2 1 2 1 7 1 2 1 2 1
1 1 3 1 1 1 5 1 1 1 3 1 1
1 2 3 1 1 5 1 1 3 2 1
1 1 2 1 11 1 2 1 1
2 1 6 1 1 1 6 1 2
3 3 2 5 2 3 3
6 1 7 1 6
2 6 2 1 2 6 2
6 1 2 3 2 1 6
3 3 1 1 2 1 2 1 1 3 3
8 1 3 1 8
9 3 9

Das Gerade-Zahlen-Ausmalbild

Male nur die Felder aus, in denen du eine gerade Zahl entdeckst!

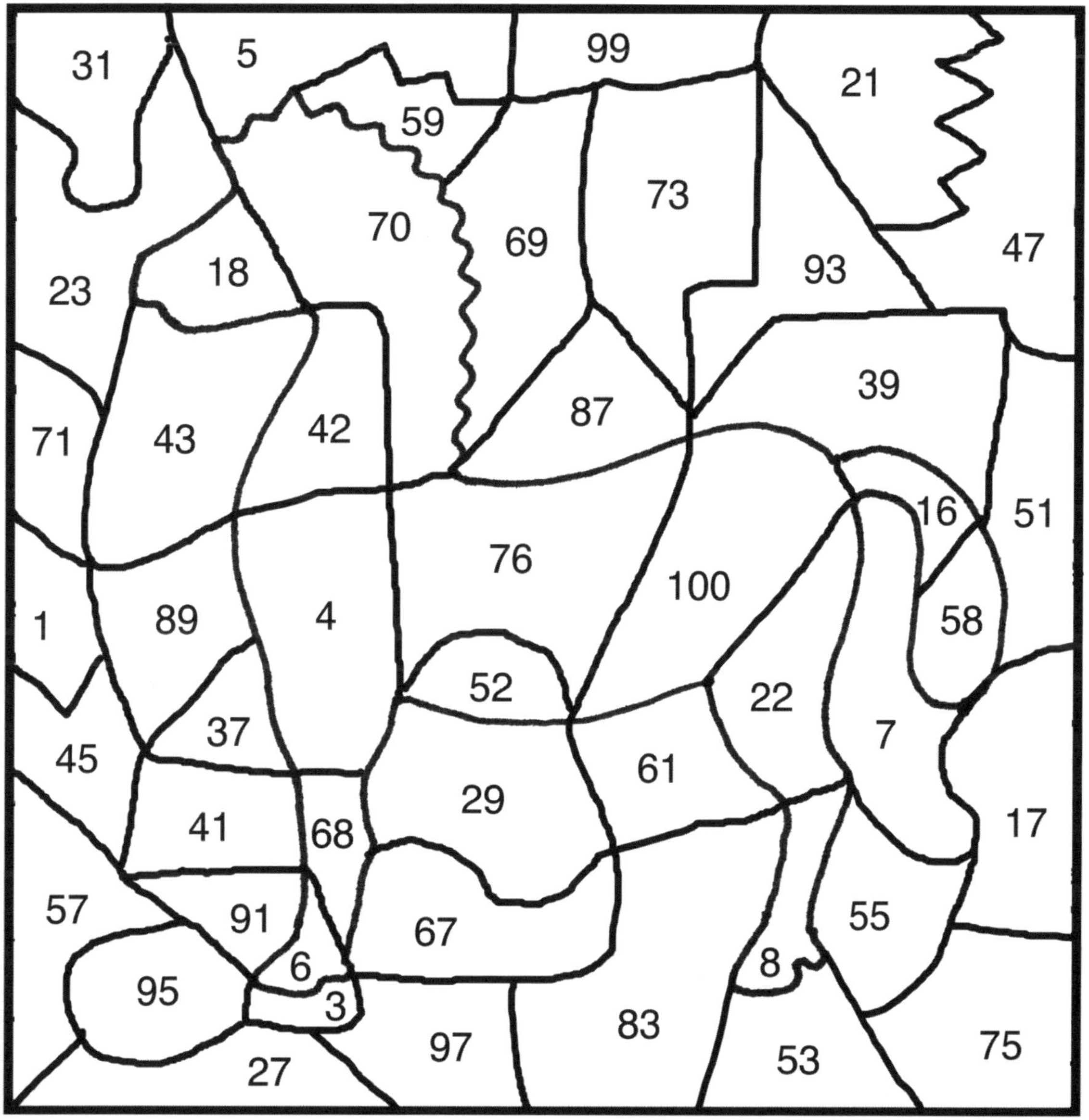

Abzählbild 41

Bei den Abzählbildern geben die grauen Zahlen die Anzahl der Felder an, die du **nicht** ausmalen sollst. Die schwarzen Zahlen geben die Anzahl der Felder an, die du ausmalen sollst.
Beispiel: 1 2 4 1 bedeutet: Du malst das erste Kästchen aus, lässt zwei Kästchen frei, malst vier Kästchen aus und lässt wieder eins frei.
Alles klar? Dann geht's jetzt los!

6 3 2 3 6
5 2 6 2 5
2 2 1 1 3 2 3 1 1 2 2
1 2 2 1 8 1 2 2 1
2 2 2 8 2 2 2
3 5 1 2 1 5 3
2 3 10 3 2
1 18 1
5 10 5
5 10 5
1 18 1
2 4 8 4 2
3 14 3
2 2 3 6 3 2 2
1 2 14 2 1

Das Ungerade-Zahlen-Ausmalbild

Male nur die Felder aus, in denen du eine ungerade Zahl entdeckst!

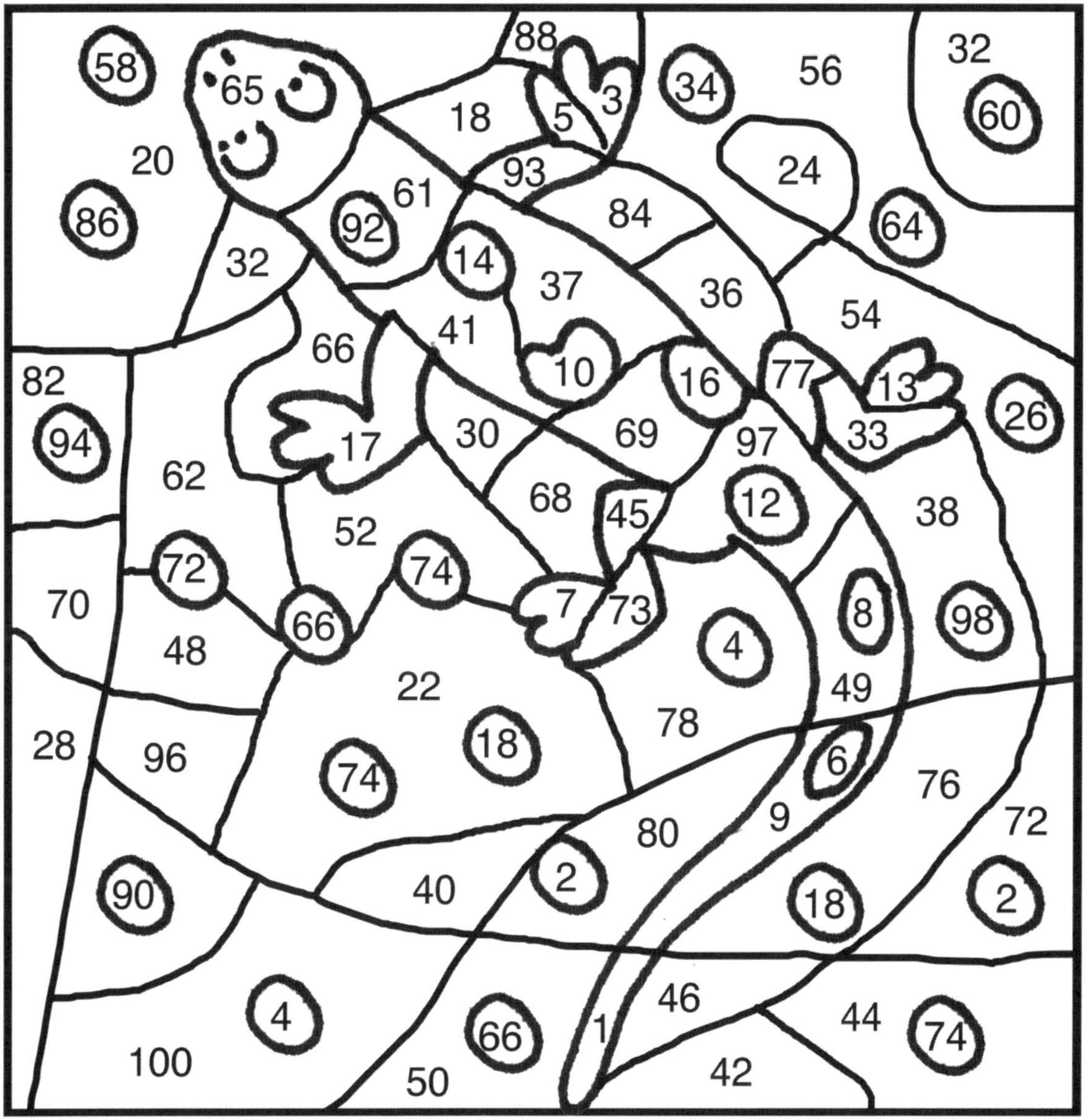

Abzählbild 42

Bei den Abzählbildern geben die grauen Zahlen die Anzahl der Felder an, die du **nicht** ausmalen sollst. Die schwarzen Zahlen geben die Anzahl der Felder an, die du ausmalen sollst.
Beispiel: 1 2 4 1 bedeutet: Du malst das erste Kästchen aus, lässt zwei Kästchen frei, malst vier Kästchen aus und lässt wieder eins frei.
Alles klar? Dann geht's jetzt los!

14 3 2																			
13 5 1																			
13 5 1																			
5 1 2 1 5 3 2																			
4 1 2 1 7 1 2 1																			
5 1 2 1 5 3 1 1																			
10 7 1 1																			
4 5 5 3 1 1																			
5 3 6 3 1 1																			
11 3 3 1 1																			
1 1 1 2 1 2 1 1 3 4 1 1																			
1 1 1 5 1 1 2 1 1 5																			
1 1 7 1 2 1 1 1 3 1																			
1 1 7 1 2 1 1 5																			
1 1 7 1 1 2 1 1 3 1																			
1 1 7 1 4 1 3 1																			

Das Zehner-Einer-Ausmalbild

Male nur die Felder mit einem Buntstift aus, in denen du eine Zahl entdeckst, die weniger Einer als Zehner hat, also z. B.: 42, 97, 65, ...!

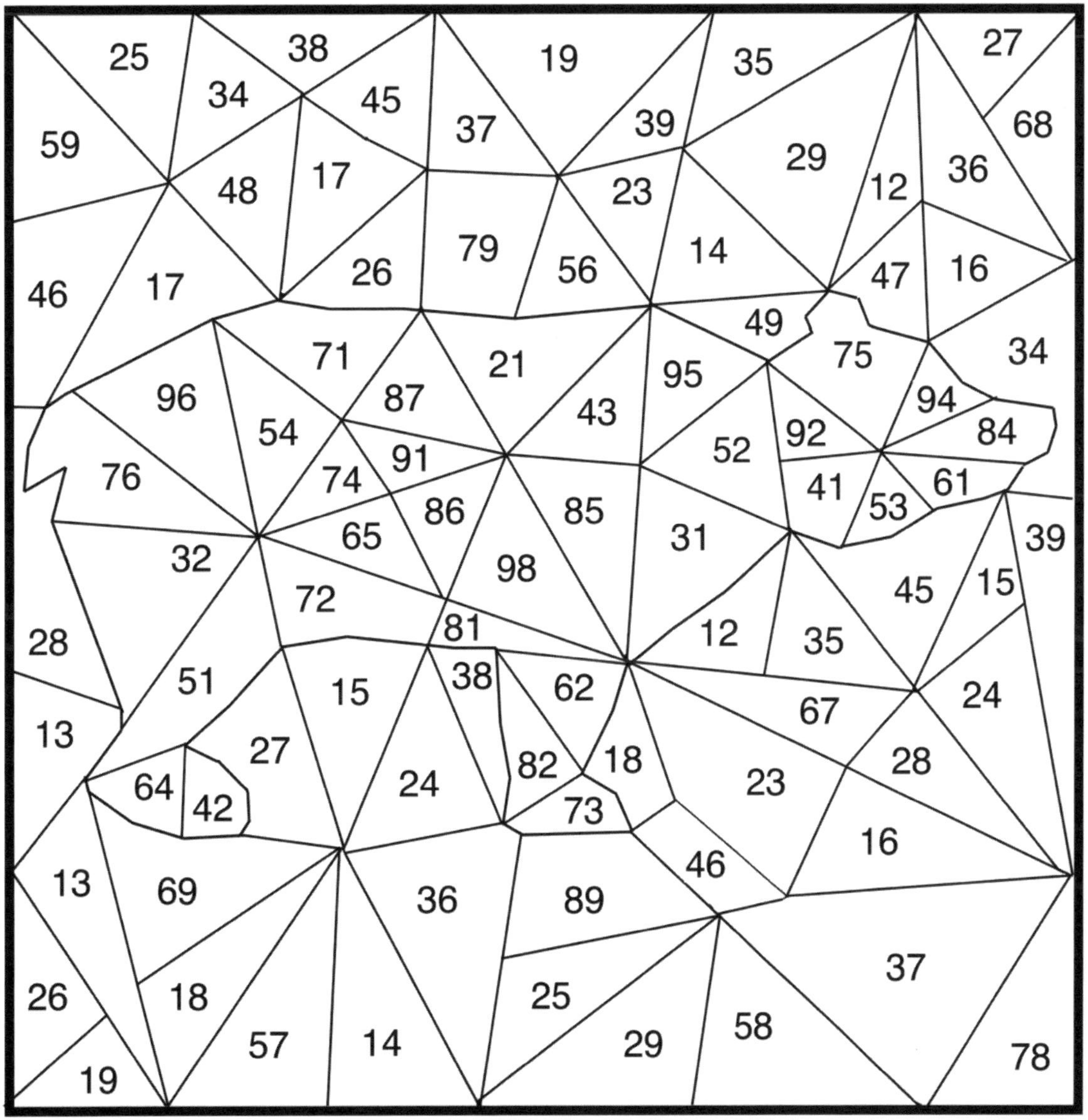

Abzählbild 43

Bei den Abzählbildern geben die grauen Zahlen die Anzahl der Felder an, die du **nicht** ausmalen sollst. Die schwarzen Zahlen geben die Anzahl der Felder an, die du ausmalen sollst.
Beispiel: 1 2 4 1 bedeutet: Du malst das erste Kästchen aus, lässt zwei Kästchen frei, malst vier Kästchen aus und lässt wieder eins frei.
Alles klar? Dann geht's jetzt los!

2 16																		
1 1 **1** 15																		
1 2 **1** 14																		
1 2 **1** 8 **4** 2																		
1 3 **1** 6 **1** 1 **4** 1																		
1 **1** 2 **1** 1 **4** 1 **1** 2 **3** 1																		
1 **1** 3 **1** 4 **1** 3 **4**																		
1 **1** 12 **1** 1 **2**																		
2 **1** 3 **1** 2 **1** 3 **1** 3 **1**																		
3 **1** 8 **1** 5																		
3 **1** 3 **2** 3 **1** 5																		
3 **1** 1 **1** 4 **1** 1 **1** 5																		
3 **1** 1 **5** 2 **1** 5																		
3 **1** 1 **1** 2 **1** 2 **1** 6																		
3 **1** 2 **2** 2 **1** 7																		
4 **1** 4 **1** 8																		
5 **4** 9																		

Das Kleiner-15-Ausmalbild

Male nur die Felder mit einem Buntstift aus, in denen du eine Zahl entdeckst, die kleiner ist als 15, also z. B.: 7, 14, 9, …!

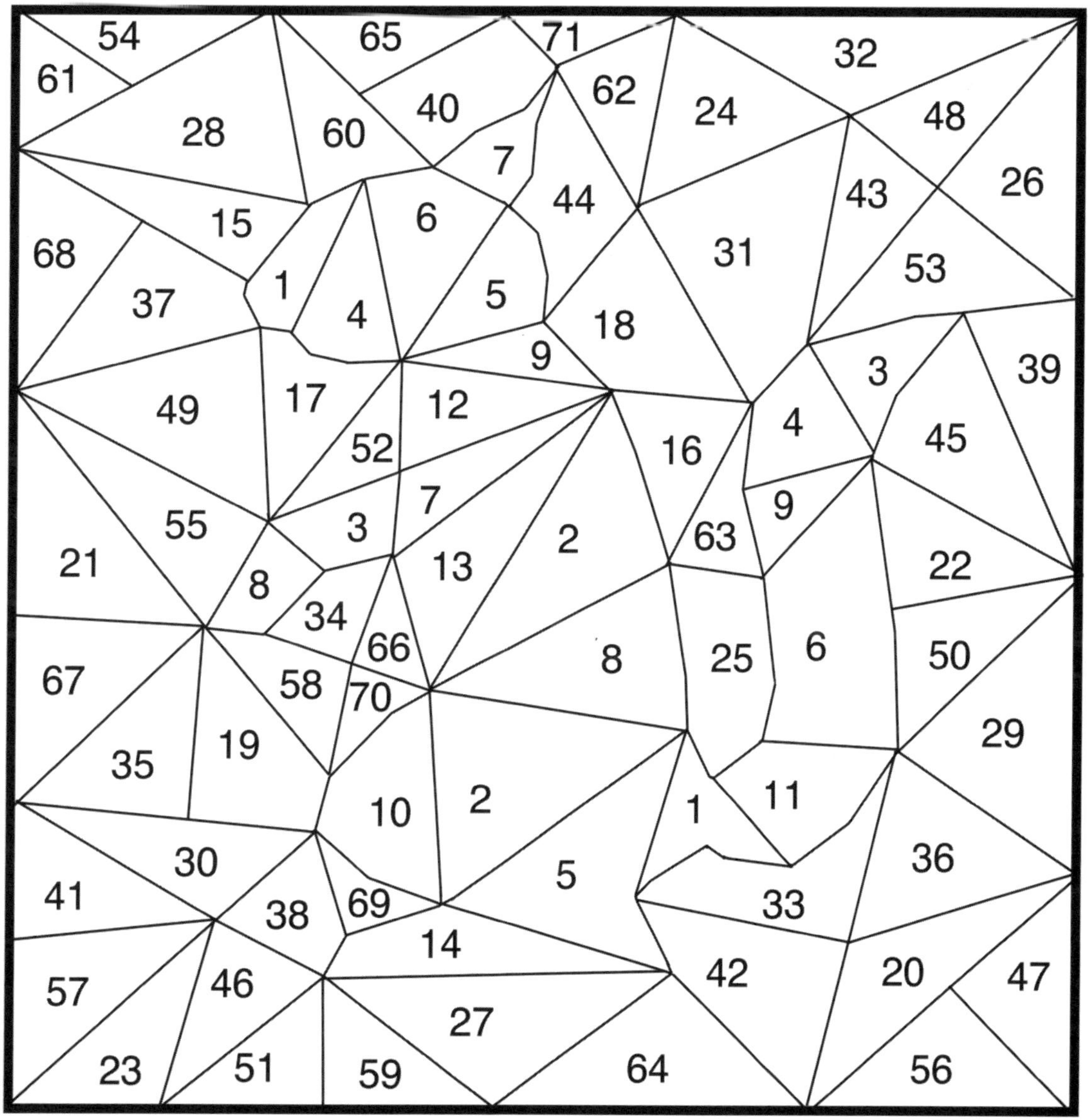

Abzählbild 44

Bei den Abzählbildern geben die grauen Zahlen die Anzahl der Felder an, die du **nicht** ausmalen sollst. Die schwarzen Zahlen geben die Anzahl der Felder an, die du ausmalen sollst.
Beispiel: 1 2 4 1 bedeutet: Du malst das erste Kästchen aus, lässt zwei Kästchen frei, malst vier Kästchen aus und lässt wieder eins frei.
Alles klar? Dann geht's jetzt los!

5 1 7 1 2
5 2 5 2 2
1 1 3 1 1 5 1 1 2
1 1 3 1 7 1 2
1 2 3 1 1 1 1 1 1 1 3
2 2 2 1 5 1 3
2 2 2 1 2 1 2 1 3
2 2 1 1 1 1 3 1 1 1 2
1 2 2 1 2 3 2 1 2
1 2 2 1 7 1 2
1 2 1 1 9 1 1
2 2 1 9 1 1
2 2 1 9 1 1
2 2 1 9 1 1
4 11 1
1 3 11 1
2 2 11 1
2 2 11 1
3 1 1 1 1 5 1 1 1 1
3 1 1 1 1 1 3 1 1 1 1 1

Das Kleiner-20-Ausmalbild

Male nur die Felder aus, in denen du eine Zahl entdeckst, die kleiner ist als 20!

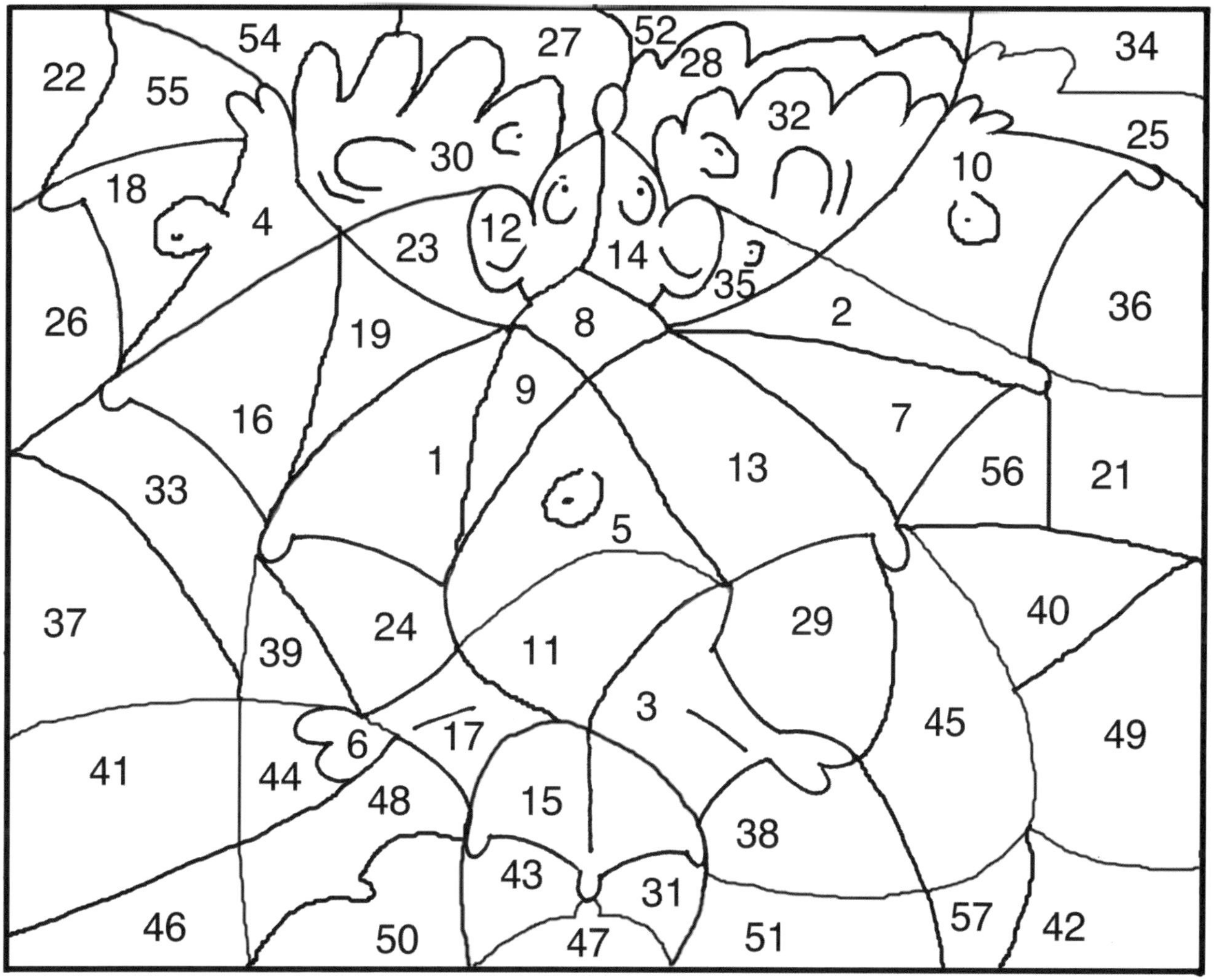

Abzählbild 45

Bei den Abzählbildern geben die grauen Zahlen die Anzahl der Felder an, die du **nicht** ausmalen sollst. Die schwarzen Zahlen geben die Anzahl der Felder an, die du ausmalen sollst.
Beispiel: 1 2 4 1 bedeutet: Du malst das erste Kästchen aus, lässt zwei Kästchen frei, malst vier Kästchen aus und lässt wieder eins frei.
Alles klar? Dann geht's jetzt los!

3 4 3 4 3
2 6 1 6 2
1 15 1
4 1 3 1 3 1 4
1 2 2 7 2 2 1
2 1 2 3 1 3 2 1 2
5 7 5
17
5 7 5
5 3 1 3 5
5 7 5
5 3 1 3 5
5 3 1 3 5
5 3 1 3 5
5 3 1 3 5
17
5 3 1 3 5
4 4 1 4 4
4 2 1 1 1 1 1 2 4

Das Kleiner-größer-Ausmalbild

Male nur die Felder mit einem Buntstift aus, in denen du eine Zahl entdeckst, die kleiner ist als 50, aber größer als 20!

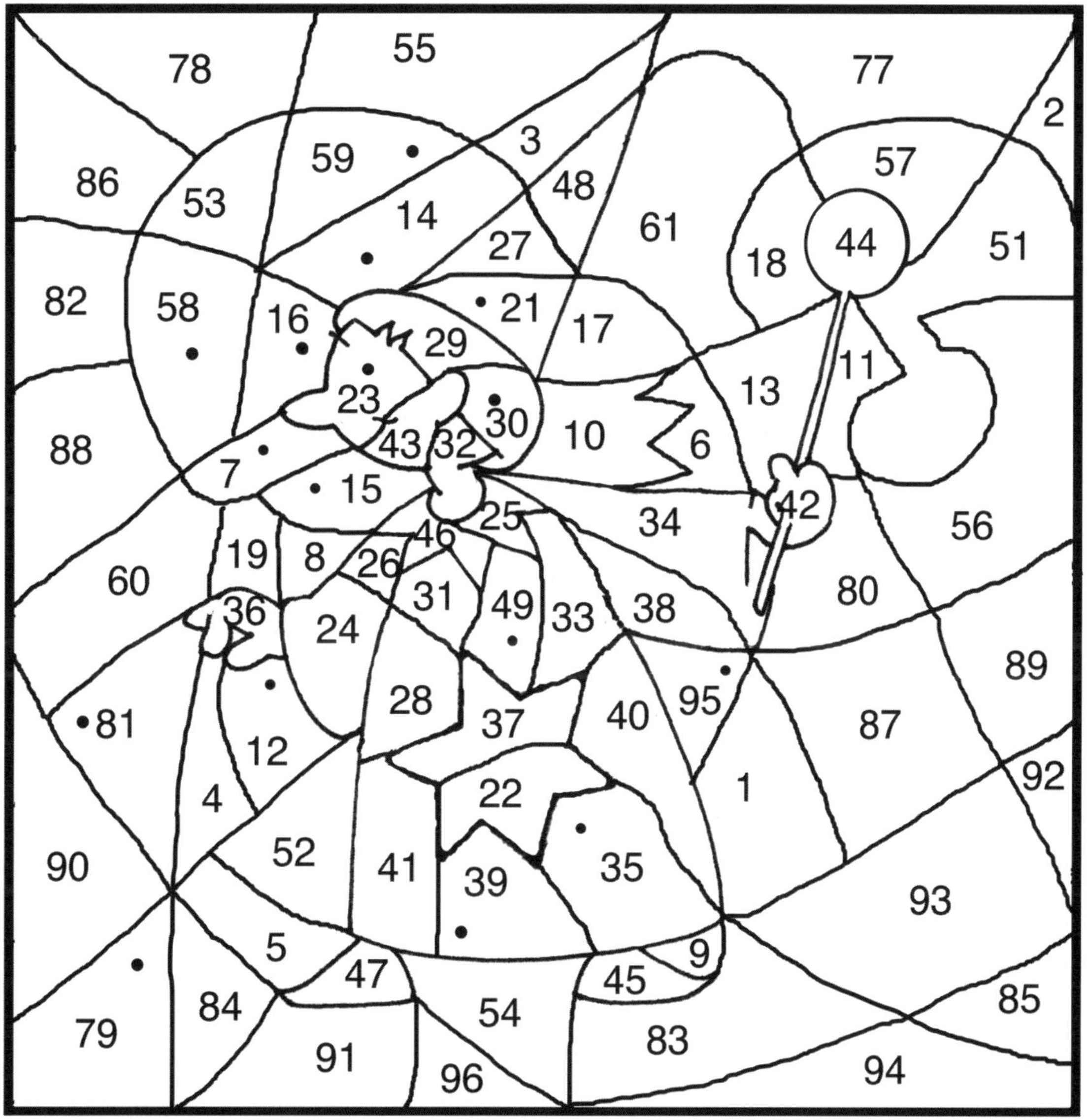

Abzählbild 46

Bei den Abzählbildern geben die grauen Zahlen die Anzahl der Felder an, die du **nicht** ausmalen sollst. Die schwarzen Zahlen geben die Anzahl der Felder an, die du ausmalen sollst.
Beispiel: 1 2 4 1 bedeutet: Du malst das erste Kästchen aus, lässt zwei Kästchen frei, malst vier Kästchen aus und lässt wieder eins frei.
Alles klar? Dann geht's jetzt los!

6 5 6
5 1 5 1 5
5 1 1 1 1 1 1 1 5
5 1 5 1 5
3 1 1 1 1 1 1 1 1 1 1 1 3
1 3 1 1 1 1 1 1 1 1 1 3 1
2 5 1 1 1 5 2
1 1 6 1 6 1 1
1 2 4 3 4 2 1
2 13 2
6 5 6
5 7 5
5 7 5
4 9 4
4 9 4
3 11 3
2 13 2
6 2 1 2 6
6 2 1 2 6
5 3 1 3 5

Rechenbild 1 – Charlys Brief

Charly Frosch hat seiner Freundin Charlotte einen Rätselbrief geschickt. Was darauf zu sehen ist, erkennst du so: Rechne alle Aufgaben. Male dann die Felder mit den Ergebniszahlen aus!

35 : 5 =
64 : 8 =
90 : 9 =
70 – 47 =
60 – 19 =
6 · 4 =
7 · 6 =
100 : 4 =
70 – 27 =
99 : 9 =
50 – 24 =
80 – 36 =
3 · 9 =
6 · 8 =
60 : 5 =
7 · 4 =
100 – 51 =
16 : 8 =
40 – 11 =

30 – 17 =
90 : 3 =

60 – 29 =
90 – 39 =

1	2	3	4	5	6	7	8	9
10	11	12	13	14	15	16	17	18
19	20	21	22	23	24	25	26	27
28	29	30	31	32	33	34	35	36
37	38	39	40	41	42	43	44	45
46	47	48	49	50	51	52	53	54
55	56	57	58	59	60	61	62	63
64	65	66	67	68	69	70	71	72

100 : 2 =
30 : 2 =

4 · 4 =
8 · 4 =

70 – 18 =
50 – 33 =
3 · 11 =
60 – 2 =
9 · 2 =
50 – 16 =
80 – 21 =
5 · 7 =
21 : 7 =
90 – 71 =
6 · 6 =
70 – 2 =
100 : 5 =
50 – 12 =
40 – 19 =
13 · 3 =
11 · 2 =
80 : 2 =

Abzählbild 47

Bei den Abzählbildern geben die grauen Zahlen die Anzahl der Felder an, die du **nicht** ausmalen sollst. Die schwarzen Zahlen geben die Anzahl der Felder an, die du ausmalen sollst.
Beispiel: 1 2 4 1 bedeutet: Du malst das erste Kästchen aus, lässt zwei Kästchen frei, malst vier Kästchen aus und lässt wieder eins frei.
Alles klar? Dann geht's jetzt los!

2 3 11 3 2
1 1 3 1 9 1 3 1 1
1 5 1 7 1 5 1
1 2 1 3 1 1 3 1 1 3 1 2 1
1 3 2 2 1 3 1 2 2 3 1
1 7 1 1 1 1 1 7 1
1 3 2 2 1 3 1 2 2 3 1
1 2 1 3 1 1 3 1 1 3 1 2 1
1 5 1 2 3 2 1 5 1
1 1 3 1 2 2 1 2 2 1 3 1 1
2 3 3 2 1 3 2 3 2
7 2 3 2 7
7 2 4 2 6
7 2 4 2 6
6 2 4 2 7
6 1 5 1 8
21

Rechenbild 2

Rechne zuerst die Aufgaben.
Male dann die Felder mit den Ergebniszahlen aus.

$12 + 4 =$
$12 \cdot 2 =$
$5 \cdot 5 =$
$18 + 8 =$
$9 \cdot 3 =$
$7 \cdot 4 =$
$35 - 6 =$
$11 \cdot 3 =$
$4 \cdot 9 =$
$48 - 9 =$
$7 \cdot 6 =$
$22 + 24 =$
$7 \cdot 7 =$
$36 + 15 =$
$7 \cdot 8 =$
$45 + 14 =$
$73 - 12 =$
$59 + 3 =$
$7 \cdot 9 =$
$8 \cdot 8 =$

$58 + 7 =$
$22 \cdot 3 =$

$10 \cdot 7 =$
$90 - 19 =$

$25 \cdot 3 =$
$85 - 9 =$
$11 \cdot 7 =$
$53 + 25 =$
$90 - 11 =$
$20 \cdot 4 =$
$9 \cdot 9 =$
$67 + 15 =$
$100 - 16 =$
$93 - 8 =$
$43 \cdot 2 =$
$17 + 70 =$
$77 + 12 =$
$10 \cdot 9 =$
$80 + 12 =$
$100 - 7 =$
$64 + 30 =$
$21 + 76 =$
$55 + 43 =$
$11 \cdot 9 =$

1	2	3	4	5	6	7	8	9	10
11	12	13	14	15	16	17	18	19	20
21	22	23	24	25	26	27	28	29	30
31	32	33	34	35	36	37	38	39	40
41	42	43	44	45	46	47	48	49	50
51	52	53	54	55	56	57	58	59	60
61	62	63	64	65	66	67	68	69	70
71	72	73	74	75	76	77	78	79	80
81	82	83	84	85	86	87	88	89	90
91	92	93	94	95	96	97	98	99	100

$72 - 5 =$
$100 - 32 =$
$40 + 29 =$

$8 \cdot 9 =$
$100 - 27 =$
$58 + 16 =$

Abzählbild 48

Bei den Abzählbildern geben die grauen Zahlen die Anzahl der Felder an, die du **nicht** ausmalen sollst. Die schwarzen Zahlen geben die Anzahl der Felder an, die du ausmalen sollst.
Beispiel: **1** 2 **4** 1 bedeutet: Du malst das erste Kästchen aus, lässt zwei Kästchen frei, malst vier Kästchen aus und lässt wieder eins frei.
Alles klar? Dann geht's jetzt los!

6 **1** 12																			
5 **1** 1 **1** 11																			
4 **1** 3 **1** 10																			
3 **1** 5 **1** 9																			
2 **1** 7 **1** 8																			
1 **1** 2 **2** 1 **2** 2 **1** 7																			
1 3 **2** 1 **2** 3 **1** 6																			
1 **1** 9 **1** 7																			
1 **1** 2 **1** 3 **1** 2 **1** 7																			
2 **1** 1 **1** 3 **1** 1 **1** 8																			
2 **1** 2 **3** 2 **1** 8																			
3 **1** 5 **1** 9																			
3 **1** 5 **1** 9																			
4 **1** 3 **1** 10																			
4 **1** 3 **1** 5 **2** 3																			
5 **1** 1 **1** 5 **1** 2 **1** 2																			
5 **1** 1 **1** 3 **2** 4 **1** 1																			
6 **1** 3 **1** 6 **1** 1																			
6 **1** 2 **1** 8 **1**																			
7 **2** 10																			

Rechenbild 3 – Der Wettlauf

Die vier Hasen veranstalten ein Wettrennen. Möchtest du wissen, wer von ihnen das Rennen gewinnt? Rechne zuerst alle Aufgaben. Male dann die Felder mit den Ergebniszahlen aus!

$20 - 19 =$

$5 + 6 =$

$11 + 10 =$

$11 \cdot 2 =$

$30 - 7 =$

$4 \cdot 2 \cdot 3 =$

$50 - 16 =$

$2 \cdot 11 \cdot 2 =$

$3 \cdot 3 \cdot 5 =$

$60 - 14 =$

$32 + 15 =$

1	2	3	4	5	6	7	8	9	10
11	12	13	14	15	16	17	18	19	20
21	22	23	24	25	26	27	28	29	30
31	32	33	34	35	36	37	38	39	40
41	42	43	44	45	46	47	48	49	50
51	52	53	54	55	56	57	58	59	60
61	62	63	64	65	66	67	68	69	70
71	72	73	74	75	76	77	78	79	80
81	82	83	84	85	86	87	88	89	90
91	92	93	94	95	96	97	98	99	100

$70 - 13 =$

$46 + 21 =$

$100 - 23 =$

$55 + 23 =$

$67 + 22 =$

$5 \cdot 4 \cdot 4 =$

$10 \cdot 3 \cdot 3 =$

$10 \cdot 5 \cdot 2 =$

$11 \cdot 3 \cdot 3 =$

$7 \cdot 7 \cdot 2 =$

$5 \cdot 7 \cdot 2 =$

$61 + 36 =$

Abzählbild 49

Bei den Abzählbildern geben die grauen Zahlen die Anzahl der Felder an, die du **nicht** ausmalen sollst. Die schwarzen Zahlen geben die Anzahl der Felder an, die du ausmalen sollst.
Beispiel: 1 2 4 1 bedeutet: Du malst das erste Kästchen aus, lässt zwei Kästchen frei, malst vier Kästchen aus und lässt wieder eins frei.
Alles klar? Dann geht's jetzt los!

14 4 1
14 4 1
13 6
14 1 2 1 1
15 1 1 1 1
16 1 2
14 4 1
13 5 1
12 2 1 3 1
11 2 2 3 1
9 3 3 3 1
8 1 6 3 1
7 1 7 3 1
2 1 3 1 1 1 5 4 1
2 2 1 1 3 1 3 2 2 1 1
5 4 1 2 2 3 1 1
9 3 1 4 2
3 6 3 1 5 1
3 2 2 2 2 2 5 1
2 1 1 1 1 1 1 1 8 2

Rechenbild 4

Rechne zuerst alle Aufgaben.
Male dann die Felder mit den Ergebniszahlen aus.

16 – 12 =

20 : 4 =

20 – 14 =

21 : 3 =

8 + 5 =

7 · 2 =

23 – 6 =

6 · 3 =

17 + 5 =

12 + 11 =

7 · 4 =

32 – 3 =

16 + 15 =

16 · 2 =

22 + 12 =

50 – 13 =

45 – 6 =

4 · 10 =

35 + 6 =

25 · 2 =

30 + 21 =

70 – 17 =

8 · 8 =

81 – 5 =

100 – 6 =

35 · 2 =

9 · 8 =

25 · 3 =

9 · 7 + 10 =

30 · 2 + 7 =

7 · 11 + 1 =

90 – 11 =

10 · 8 + 3 =

42 · 2 =

10 · 8 + 7 =

11 · 8 =

10 · 7 – 1 =

89 + 6 =

10 · 9 + 6 =

55 + 42 =

1	2	3	4	5	6	7	8	9	10
11	12	13	14	15	16	17	18	19	20
21	22	23	24	25	26	27	28	29	30
31	32	33	34	35	36	37	38	39	40
41	42	43	44	45	46	47	48	49	50
51	52	53	54	55	56	57	58	59	60
61	62	63	64	65	66	67	68	69	70
71	72	73	74	75	76	77	78	79	80
81	82	83	84	85	86	87	88	89	90
91	92	93	94	95	96	97	98	99	100

25 + 33 =

20 · 3 =

72 – 11 =

48 + 14 =

Abzählbild 50

Bei den Abzählbildern geben die grauen Zahlen die Anzahl der Felder an, die du **nicht** ausmalen sollst. Die schwarzen Zahlen geben die Anzahl der Felder an, die du ausmalen sollst.
Beispiel: 1 2 4 1 bedeutet: Du malst das erste Kästchen aus, lässt zwei Kästchen frei, malst vier Kästchen aus und lässt wieder eins frei.
Alles klar? Dann geht's jetzt los!

2 12 2 11
2 3 6 3 13
5 2 2 2 16
7 2 12 1 5
5 6 10 1 3 2
1 4 2 2 2 3 8 1 1 1 2
2 4 4 4 2 4 4 3
3 3 1 1 2 3 5 2 2 1 1 1 2
2 1 5 1 4 5 3 1 3 1 1
1 1 6 1 11 1 4 1 1
1 1 6 1 3 1 5 2 7
1 1 5 1 3 3 2 2 9
2 5 5 1 2 2 10
3 1 10 1 12
4 10 13
5 1 7 1 13
1 1 3 1 7 1 3 1 9
2 15 10

Rechenbild 5

Rechne zuerst die Aufgaben.
Male dann die Felder mit den Ergebniszahlen aus.

$1 \cdot 3 + 2 =$

$1 \cdot 4 + 2 =$

$2 \cdot 6 + 3 =$

$3 \cdot 5 + 1 =$

$2 \cdot 7 + 10 =$

$8 \cdot 3 + 1 =$

$5 \cdot 5 + 1 =$

$4 \cdot 6 + 3 =$

$9 \cdot 3 + 6 =$

$4 \cdot 7 + 6 =$

$3 \cdot 10 + 5 =$

$5 \cdot 7 + 1 =$

$6 \cdot 6 + 1 =$

$9 \cdot 4 + 2 =$

$4 \cdot 10 + 2 =$

$7 \cdot 6 + 1 =$

$5 \cdot 8 + 5 =$

$20 \cdot 2 + 4 =$

$9 \cdot 5 + 1 =$

$4 \cdot 10 + 7 =$

1	2	3	4	5	6	7	8	9	10
11	12	13	14	15	16	17	18	19	20
21	22	23	24	25	26	27	28	29	30
31	32	33	34	35	36	37	38	39	40
41	42	43	44	45	46	47	48	49	50
51	52	53	54	55	56	57	58	59	60
61	62	63	64	65	66	67	68	69	70
71	72	73	74	75	76	77	78	79	80
81	82	83	84	85	86	87	88	89	90
91	92	93	94	95	96	97	98	99	100

$3 \cdot 6 + 30 =$

$6 \cdot 6 + 13 =$

$7 \cdot 7 + 2 =$

$6 \cdot 8 + 4 =$

$5 \cdot 9 + 10 =$

$10 \cdot 5 + 6 =$

$7 \cdot 8 + 3 =$

$11 \cdot 4 + 16 =$

$6 \cdot 10 + 1 =$

$8 \cdot 8 + 6 =$

$7 \cdot 9 + 2 =$

$9 \cdot 7 + 3 =$

$8 \cdot 9 + 3 =$

$7 \cdot 10 + 6 =$

$9 \cdot 9 + 4 =$

$10 \cdot 8 + 6 =$

$9 \cdot 10 + 4 =$

$8 \cdot 9 + 23 =$

$10 \cdot 9 + 6 =$

$9 \cdot 9 + 16 =$